WEITERE

GE(H)DANKEN UND GE(H)SCHICHTEN

Winand Kerkhoff

Weitere
GE(H)DANKEN und GE(H)SCHICHTEN

auf Jakobswegen
in Österreich und Italien,
in Spanien und Portugal

Verlag U. Nink

Für meine Frau Bärbel

Verlag U. Nink, Lützowstr. 245, D-42653 Solingen
E-mail: ursula.nink@t-online.de
Lektorat: Heinrich Wipper, M.A.
Gestaltung: wort- und tat-büro | essen, Hubert Röser
ISBN 978-3-934159-48-8

Bildnachweis: Sofern nichts anderes angegeben ist, stammen alle Abbildungen vom Verfasser.

»ULTREïA!«: Weiter so ...

Der Pilgergruß »ULTREïA!« bedeutet »Vorwärts!« – beim morgendlichen Aufbruch so viel wie »Auf geht's!« und bei der Begegnung auf dem Wege »Weiter so!« So bin ich, nachdem ich auf meinem im Jahre 2000 begonnenen Weg von Bonn nach Santiago de Compostela mit der Etappe von Metz nach Dijon im Jahre 2014 eine letzte Lücke geschlossen hatte, einfach weitergewandert, bin ich weitere Jakobswege gegangen und habe auch darüber wieder in der »Kalebasse« berichtet.

Und so ist es nur folgerichtig, dass ich mein im Jahre 2015 im Verlag U. Nink veröffentlichtes Buch »GE(H)DANKEN UND GE(H)SCHICHTEN – 15 Jahre auf Jakobswegen in Deutschland und in der Schweiz, in Österreich, Frankreich und Spanien« (siehe Buch-Besprechung von Heinrich Wipper, S. 6–9) fortschreibe mit »WEITEREN GE(H)DANKEN UND GE(H) SCHICHTEN – Auf Jakobswegen in Österreich und Italien, in Spanien und Portugal«.

Wenn – wie für viele Jakobspilger – »der Weg das Ziel ist«, dann haben sich Ziel und Intention nicht geändert, wohl aber die Wege. Der Er»weiter«erungsband beginnt mit einer Retrospektive, mit sechs Tagesberichten und zwei Zwischenbilanzen »Aus meinem Via de la Plata-Diario« von meiner Wanderung von Sevilla nach Santiago im Jahre 2006 und leitet damit über zu zwei neuen Jakobswegen in Süd/Tirol: im Jahre 2017 von Bozen »Über den Brenner« nach Innsbruck und im Jahre 2018 von Bozen »Immer Etsch aufwärts« nach Müstair in der Schweiz, mit einem Abstecher zum Reschenpass. Weiter ging es im Jahre 2019 »Auf dem Caminho Portugués von Porto nach Santiago de Compostela«, um – nach einem ersten Besuch im Heiligen Jahr 1999 – nach zwanzig Jahren nun zum vierten Mal dort anzukommen. Weil schließlich und endlich alle Jakobswege nach Santiago führen. Den Abschluss bilden zwei Buchbesprechungen über Wanderungen auf der »Via Regia« und auf der »Via de la Plata« sowie ein paar Jakobsweg-Episoden und -Marginalien.

Zu meinem »Zwanzigjährigen« in Santiago hatte sich die Kathedrale besonders schön gemacht: die restaurierte Fassade an der Praza do Obradoire erstrahlte fast golden in ihren leuchtenden Ockerfarben. Aber die komplette Restaurierung der Kathedrale ist noch nicht abgeschlossen, – genauso wie mein Leben(s)Weg noch nicht voll/endet ist ...

Winand Kerkhoff

Winand Kerkhoff: GE(H)DANKEN und GE(H)SCHICHTEN

15 Jahre auf Jakobswegen in Deutschland und in der Schweiz, in Österreich, Frankreich und Spanien. Solingen, Verlag U. Nink, 2015, 200 S., mit vielen Schwarzweiß- und 23 Farbabbildungen, ISBN 978-3-934159-34-1, € 19,80

Der Autor dieses Buches war im Heiligen Compostelanischen Jahr 1999 zum ersten Mal in Santiago de Compostela – ganz spontan mit dem Flugzeug. Die Festtage in der Stadt des Apostels Jakobus beeindruckten Winand Kerkhoff so tief, dass er sich im Jahr 2000 zu Fuß auf den Weg gemacht hat und dann – seit 2002 im wohlverdienten Ruhestand – immer wieder einmal Jakobswege gegangen ist. Jahr für Jahr und Wochen lang war er als Wanderer unterwegs: in 15 Jahren insgesamt rund 6000 Kilometer. Auf all seinen Wegen hat Winand Kerkhoff »laufend« für sich Tagebuch geschrieben und im »Nachgang« Wegberichte verfasst, die fast alle in der »Kalebasse« veröffentlicht worden sind.

- »Wallfahren und Pilgern – Zwischen religiöser Motivation und touristischer Attraktion«
- »Camino mi amor – Ein Postskriptum (zum Camino Francés 2003)«
- »Kleindenkmäler als Marginalien am Jakobsweg von Bonn nach Trier« (2004)
- »Atlantikküsten-Camino – Von einem zum anderen Ende der Welt« (2005)
- »18 Stunden in Lugo (auf dem Camino Primitivo 2005)
- »Der Turm von Tábara – Eine mozarabische Miniatur als Camino-Déjà-vu« (auf der Via de la Plata 2006)
- »Bonne Nuit?!« Zwischen Cluny und Le Puy (2008)
- »Auf dem Jakobsweg durch Bonn« (2010)

- »Quo vadis, Viator« (auf fränkischen Jakobswegen 2011)
- »... zu einer Walfarth nach St. Jakob von Compostello in Spanien verlobt« – Auf dem Jakobsweg von Linz nach Innsbruck (2012)
- »Höhepunkt – Auf dem Jakobsweg von Innsbruck nach Einsiedeln« (2013)
- »Lücken/Schluss!? – Auf dem Chemin de Saint Jacques von Metz nach Dijon« (2014)

Im großen und ganzen waren es vier Jakobswege, auf denen Winand Kerkhoff gewandert ist. Im Vordergrund stand naturgemäß der über 2500 km lange »Kölner Weg« von Köln bzw. Bonn durch ganz Frankreich und Nordspanien nach Santiago de Compostela. Im Jahre 2014 schloss er mit der Wanderstrecke von Metz nach Dijon die letzte größere Lücke auf diesem Weg. Zwischendurch lief Kerkhoff 2005 in einem Zug an der Atlantikküste von einem zum anderen Ende der Welt. Damit ist der Weg von Notre-Dame de la Fin des Terres in Soulac (an der Mündung der Garonne in den Atlantik) bis Finisterre an galicischen Küste gemeint. Ein Jahr später absolvierte er die Via de la Plata mit dem Ziel, einen Pilgerführer zu diesem Weg zu schreiben – ein Projekt, das leider nicht zustande kam. Als letzten der vier Jakobswege nahm Winand Kerkhoff den Österreichischen Jakobsweg ab Linz (an der Donau) unter die Füße. Die Beschreibung der Überquerung des Arlbergpasses gehört zum Großartigsten, das je in der »Kalebasse« veröffentlicht worden ist.

Im Alter von 75 Jahren fasste der Autor all seine Berichte zur Jakobswallfahrt chronologisch und so, wie sie erschienen sind, in einem Buch zusammen, um später alles – wie er schreibt – bequem zwischen zwei Buchdeckeln nachlesen zu können. Bei dieser Gelegenheit veröffentlichte er auch ein paar ungedruckte Schriften wie die Beschreibung der ersten fünf Etappen der Via de la Plata von Sevilla bis Monesterio. Der oben erwähnte Bericht über die zuletzt durchgeführte Wanderung auf dem Kölner Weg trägt den bezeichnenden Titel »Lücken/Schluss!?«. Hier frägt sich der Autor: »Mache ich mit diesem Lückenschluss endgültig Schluss mit meinen Wanderungen auf Jakobswegen? Oder werde ich weitergehen, weil noch so manchem nachzugehen ist ...« Der Titel »Camino mi amor« eines anderen Beitrags im Buch lässt zwar eine positive Antwort erwarten, spielt aber auf den bekannten Film »Hiroshima, mon amour« an, in dem eine Liebesgeschichte unwiederbringlich zu Ende geht. Mich als Redakteur der »Kalebasse« würde es jedoch nicht wundern, eines Tages von Winand Kerkhoff einen Brief folgenden oder ähnlichen Inhalts zu bekommen: »Im Vorfrühling dieses Jahres bin ich zur Mandelblüte in die Provence gefahren. Dabei entdeckte er die alte Römerstraße Via Aurelia, auf der die Jakobspilger aus Italien nach Spanien gezogen sind. Ich folgte ihnen …«

Der Autor Winand Kerkhoff wurde 1939 in Gelsenkirchen geboren und lebt seit 1976 in Bonn. Nach dem Abitur an der Kardinal von Galen-Schule in Hiltrup studierte er von 1959 bis 1965 Sprach-, Literatur- und Zeitungswissenschaften an der Universität in München und war 1963/64 Assistent von Alexander Kluge und Edgar Reitz in der Filmabteilung der Hochschule für Gestaltung in Ulm. Von 1962 bis 2002 arbeitete er als Autor und Regisseur für Filmproduktionen in München, Bonn, Konstanz und Hilden/Düsseldorf: Er machte zunächst Fernsehdokumentationen in den Bereichen Kultur und Kirche, dann Dokumentarfilme in den Bereichen Politik und Wirtschaft weltweit. Seit 2002 ist er im »aktiven Ruhestand«: Zu den Aktivitäten gehören u.a. ehrenamtliche Tätigkeiten im Bonner Münster; Führungen, Vorträge und Publikationen zur Bonner Stadt/Kultur/Architektur/Geschichte und natürlich Wanderungen auf Jakobswegen.

(Heinrich Wipper, M.A.)

Aus meinem Vía de la Plata-Diario

Sechs Tagesberichte mit zwei Zwischenbilanzen

Nach meinen Wanderungen auf dem Camino Aragonés und Francés 2003 und auf dem Camino del Norte und Camino Primitivo 2005 bin ich im April/Mai 2006 die *Vía de la Plata* gegangen: von Sevilla gen Norden über Mérida und Salamanca bis Granja de la Moreruela; von da aus weiter gen Nordwesten über Ourense nach Santiago de Compostela. Wie immer habe ich fort»laufend« Tagebuch geschrieben, aus dem die Eintragungen von sechs Tagen mit zwei Zwischenbilanzen (unredigiert) zitiert werden.

31. Marz 2006: Aufbruch in Sevilla

Heute Morgen um 9 Uhr von der Kathedrale aufgebrochen. Die Sonne scheint. Milde Wärme, leichter Wind. Durch Pfeile und/oder Muscheln

Aufbruch wie immer vom Bonner Münster, Start auf der Vía de la Plata an der Kathedrale von Sevilla.

Über den Dächern der Kathedrale von Sevilla: Der Blick wandert über die Stadt hinweg und weiter auf der Vía de la Plata, immer Richtung Norden.

gut durch die Stadt geleitet und hinausgefunden. Dann am Guadalquivir-Kanal entlang, durch Un--achtsamkeit ein Kardinalfehler gemacht und in Richtung Süden gelaufen. Scheint auch anderen zu passieren: Nicht umsonst mahnt nach einigen hundert Metern ein Pfeil zur Umkehr. Merke: Du bist auf der Vía de la Plata, wanderst von Süden nach Norden, hast also morgens den Schatten links neben Dir, mittags vor Dir und nachmit-

Der Glockenturm La Giralda gilt als Wahrzeichen von Sevilla.

Das antike Itálica: Eines der großen Mosaiken erinnert an die römische Vergangenheit.

tags rechts neben Dir (also anders als beim Francés und beim Norte). Darum wird es Zeit, wieder den Gelbe-Pfeile-Blick zu entwickeln ...

Ich lass es langsam angehen. Bin mittags in **Santiponce**. Zum **Kloster San Isidoro del Campo** abgebogen: ein wirklich lohnender Abstecher. Ein stiller Ort, um den Weg im Inneren zu beginnen (wozu es in der Kathedrale in Sevilla immer viel zu laut war). Dann Wurst, Käse und Tomaten eingekauft und beim Anblick der imponierenden Reste eines römischen Theaters mein erstes Camino-Picknick gemacht. War alles sehr friedlich, bis mir eine Gruppe älterer Spanierinnen erst den Blick nahm und dann vielstimmig klar machen wollte, dass ich zu den Tomaten unbedingt Salz und Pfeffer brauchte. Gut gemeint, aber woher nehmen ... Schnell weiter nach **Itálica**: ein riesiges Ruinenfeld mit einem großen Amphitheater und wunderschönen Mosaiken, aber es wird zunehmend heißer. Also weiter.

Vor mir noch 7,5 Kilometer, immer geradeaus, leicht auf und ab bis nach **Guillena**. Baumlos! Ganz hinten am Horizont ein einziger Baum,

Weg unter: Mit aufgekrempelten Hosen und geschürzten Röcken geht es durch das »Hoch«wasser.

der ein wenig Schatten verspricht. Ich brauche mehr als eine Stunde, der Rucksack drückt, die Oberschenkel schmerzen. Endlich nur noch ein paar Meter, aber da verschwindet der Weg im Wasser und der Pfeil zeigt geradeaus und auf der anderen Seite ist mein Baum: Also Schuhe aus, Hosenbeine ab, hinein ins Wasser, das – Jakobus sei Dank! – nur bis zu den Oberschenkeln ansteigt, durch den Bach durch und im Schatten des Baumes kurz ausgeruht. Vor Guillana noch eine Bachquerung: Wieder Schuhe aus, Füße trocknen, Schuhe an und hinein in den Ort. Gegen 18:00 erreiche ich das **Hostal Francés**: erst ein Bier, dann ein Zimmer und das alt bekannte Routine-Ritual zum ersten Mal: duschen, waschen, ausruhen – und abwarten, bis es endlich nach 20 Uhr etwas zu Essen gibt.

Mit einem Texaner *(Marc)* und einer Mutter mit Tochter *(Rita mit Mareike aus Jever)* zum Essen gegangen: Pollo mit großen, grünen Schoten, danach ein Flan und dazu zwei Bier. Dabei ein worldwide-small-talk über Energie, Islam und auch etwas Camino ... In der Herberge die zwei Bremer getroffen *(Karin und Peter, die mir in Sevilla einen Stadtplan*

Unterwegs: Durch die zuverlässige Wegweisung mit gelben Pfeilen würde selbst dieser Esel den Weg finden.

geschenkt hatten, denen ich auf ihrem Weg nach Salamanca immer wieder begegnet und mit denen meine Frau und ich – genauso wie mit Rita und ihrem Mann – bis heute befreundet sind.) Mit einem gemeinsamen Absacker endet unser erster Tag auf der Vía de la Plata …

11./12. April 2006: Kartage in Cáceres

Im allgemeinen Aufbruch *(in der überfüllten Herberge von* ***Aljucén****)* Glück gehabt und eine Lücke fürs Bad erwischt und dann losgestiefelt. Auf leeren Straßen durch den Ort bis zur Tankstelle: dort einen Early-morning-Kaffee und rechts ab in eines dieser Großgrundbesitzer-Weidegebiete: wieder blühende Wiesen mit Kugelbäumen, darunter Kühe, Schafe, schwarze Schweine, (noch) keine Hunde. Die Wege sind gut ausgeschildert, (fast) alle Tore zu öffnen und auf Gitterstegen zu durchqueren. Die Wege haben tiefe Furchen, die zum Teil mit Wasser gefüllt sind. Der Schotter ist sehr grob und das alles macht das Gehen etwas mühsam. Peter und Karin eingeholt. Nach einem kurzem Morgenplausch wie immer allein weiter, durch Felder und Wiesen bis zum **Cruz de San Juan**: den Rest Brot und Käse mit Wasser. Die Slowakin kommt vorbei: kurzer Meinungsaustausch, wie weit und wie lange es heute gehen soll ...

Erst einmal laufe ich weiter auf dem Vía de la Plata-Weg Richtung **Alcuéscar**, dabei aber den Pfeil in den Ort übersehen. Und da es erst 13 Uhr ist, entschließe ich mich weiterzugehen (und das freundliche Übernachtungsangebot der Padres des **Klosters Esclavos de María y de los Pobres** nicht anzunehmen). Der Weg pendelt zwischen der N630 und der noch nicht fertig gestellten Autobahn hin und her und gegen 16 Uhr erreiche ich **Aldae del Cano**. So langsam müssen es mehr als 30 Kilometer sein. Im Restaurant erstmal ein großes Bier gegen den Durst nach der Mittagshitze. Man ist sehr freundlich, gibt mir einen Stempel und den Schlüssel zur Herberge. Dabei handelt es sich um einen Abstellraum mit einem Bett ohne Matratze und mit einer nicht funktionierenden Dusche. »No! Gracias!« Den Schlüssel zurückgebracht, die drei Euro bewusst nicht zurückverlangt, (was eine gewisse Verlegenheit bei den Wirtsleuten auslöste). Aber auch Pilgern sollte man nicht alles zumuten.

Kurz entschlossen zur Bushaltestelle (weil gehen nicht mehr möglich war) und kaum war ich da, kam ein Bus nach **Cáceres**: der Fahrpreis 1,40 Euro für 20 Kilometer. Da der Weg mehr oder weniger parallel zur Straße verläuft, hatte ich das gute Gefühl, nichts versäumt zu haben und einmal Busfahren zählt – wenn überhaupt – zu den lässlichen Sünden. Vor allem dann, wenn die Busstation am Rande der Stadt liegt und man über ein halbe Stunde zur Plaza Mayor im Stadtzentrum laufen muss. Beim Tourismusbüro einen Plan für die Semana Santa und ein Zimmer in der **Pension Carretero**: sehr klein und schlicht, aber mit Blick auf die Plaza Mayor und auf den berühmten **Torre de Bujaco**, dem Wahrzeichen der Stadt. So gut es geht bei einer nicht so gut gehenden Dusche mich erfrischt und unter dem linken Fuß eine Blase behandelt. Dann auf die Plaza und einen Vino Tinto und all dies aufgeschrieben ...

Es sieht gewittrig aus und es wird dämmrig. Eine Musikkapelle zieht vorbei, irgendwohin, vielleicht zu einer Prozession in der Semana Santa. Nebenan gibt es ein Restaurant mit einer deutschen Speisekarte, eine gute Gelegenheit a la carte und gusto zu essen. Das Ergebnis war überraschend: anstelle der bestellten Schweinelende bekam ich einen iberischen Schinken von den schwarzen Schweinen, kalt, aber lecker zu dem Bier. Danach eine Crema Catalana und einen café solo. Und dann näherte sich von irgendwoher Musik. In der Dunkelheit tauchte eine **Semana-Santa-**

Cáceres: Der Blick aus dem Pensionsfenster auf die Plaza Mayor mit dem mächtigen Torre de Bujaco.

Prozession auf und umkreiste die Plaza Mayor: eine römische Musikkapelle vorweg, eine Santiago-Kapelle hinterher, dazwischen weiß-violett gekleidete Jungen und Mädchen, in dem von den Trommeln vorgegebenen Wiegeschritt. Dann Kreuzträger mit tief heruntergezogenen Kapuzen und Kreuzschlepper mit Ketten an den Füßen. Und in der Mitte ein große Tragealtar mit dem Leidensmann an der Martersäule, tragisch ausgeleuchtet und getragen von rund vierzig Männern und Frauen, leicht schwankend und schlingernd im Wiegeschritt. Faszinierend der »fliegende Wechsel« der Tragenden, ohne Abzusetzen oder Anzuhalten. Als die Prozession in der Dunkelheit der Altstadt verschwand, war es nach Mitternacht …

Heute Morgen von einem »Ave, ave – ave Maria«-Glockenspiel geweckt und vom Klappern der Störche, die auf den umliegenden Türmen ihre Nester haben. Vor dem Aufstehen kurzentschlossen der Entschluss, noch einen Tag in Cáceres und in meiner Pension zu bleiben – der Semana Santa wegen. Während Hemd und Hose vor sich hin trocknen, nehme ich mir die Zeit für einen ersten, kurzen Rückblick.

Mal getrennt mal vereint: blaue Fliesen für die Vía de la Plata, gelbe Fliesen für den Camino de Santiago – immer richtig der gelbe Pfeil.

Erste Zwischenbilanz.

- Von Sevilla aus waren es bis Cáceres 299 Kilometer, also knapp ein Drittel des Weges bis Santiago. Stadtbesichtigungen in **Sevilla, Mérida und Cáceres** eingeschlossen, bin ich 14 Tage unterwegs gewesen. Bis auf zwei Regentage war das Wetter gut bis sehr gut, mit Temperaturen von 10 Grad an Morgen und Abend bis zu 30 Grad in der Mittagszeit. Bei diesen Temperaturen ließ sich gut laufen, auch wenn man am Ende durchgeschwitzt und das Wasser verbraucht war. Abgesehen von kleinen Einlaufschwierigkeiten und der ein oder anderen Blase gab es keine Probleme.

Hindernislauf durch die großen Weidegebiete: nicht die Zäune und Tore sind das Problem, sondern die Stiere und Hunde.

- Der Weg war insgesamt überraschend gut ausgeschildert: mit gelben Pfeilen und Muscheln, Info-Stelen und -Tafeln. Streckenweise mit Varianten: blaue Fliesen für die Vía de la Plata-Route, gelbe Fliesen für die Camino-Route, mit beiden Farben, wenn sich die Wege decken. Es waren Asphalt- und Schotterpisten, Sand- und Graswege, manchmal mit tiefen, Wasser gefüllten Furchen. Und immer wieder gab es Bachquerungen, nicht immer oberschenkel-tief wie vor **Guillena**. Die großen Weidegebiete waren problemlos zu durchwandern, fast alle Tore waren geöffnet und bisher gab es keine (großen) Probleme mit den gefürchteten Hütehunden. Der Weg durch die riesige Autobahnbaustelle bei der Isidor-Kapelle war zum Teil sehr holprig (Lukrese ist direkt vor mir gestürzt und aufs Gesicht gefallen) und unübersichtlich, aber die Bauarbeiter haben immer weitergeholfen, uns durch das nicht enden wollende Baugelände gelotst und die riesigen Baufahrzeuge waren sehr rücksichtsvoll. Und irgendwann einmal wird auch dieses Autobahnstück fertig werden …

- Auf diesem Teilstück waren mit mir pro Tag relativ viele Pilger unterwegs: anfänglich 10 bis 15, nach Beginn der Osterferien ab Mérida dann aber 15 bis 25. Darum war es mit dem Übernachten nicht ganz einfach, weil das Angebot nicht so groß, die Nachfrage in den Osterferien relativ hoch ist, so dass man meistens keine Wahl hatte und froh war, überhaupt unterzukommen. Die Tagesetappen von Übernachtungsmöglichkeit zu Übernachtungsmöglichkeit lagen zwischen knapp 20 und weit über 30 Kilometer. Die Herbergen und Pensionen hatten ein sehr unterschiedliches Niveau: von sehr komfortabel in **Fuente de Cantos** und **Mérida** bis gerade noch oder nicht mehr akzeptabel wie in **Casa Molina** und **Aldea del Cano**. Das Bett in den Herbergen kostete zwischen 3 und 15 Euro (oder ein dementsprechendes Donativo), das Zimmer in den Pensionen zwischen 15 und 25 Euro.
- Mit mir unterwegs sind Karin und Peter aus Bremen, Günter und Elke aus Darmstadt. Zurückgeblieben sind Marc aus Texas, Rita und Mareike aus Jever (wie geplant bereits zurückgereist) und Lukrese aus der Nähe von Brügge (wegen ihres Unfalls in der Autobahnbaustelle). Voraus sind Brigitte aus Innsbruck, die Slowakin und Peter aus England. Nach Merida kamen eine Gruppe aus Brasilien und eine aus der Schweiz dazu, (die sich sehr unbeliebt machte, weil sie immer einen ihrer Leute mit dem Bus vorausschickte, um Betten zu belegen). Und drei-, viermal ein Radfahrer: kaum gesehen, kurz gegrüßt und schon vorbei und weg. Mit Karin und Peter (wollen bis Salamanca), Elke und Günter (wollen bis Santiago), Rita und Mareike eine lockere Weg/ Gemeinschaft. Man geht für sich, trifft sich unterwegs, isst und redet immer wieder einmal miteinander: über Gott und die Welt, ohne in die Tiefe zu gehen.
- Abgesehen von den Muschel/Schildern und Info-Tafeln, von ein paar Jakobskirchen, Jakobus-Statuen und -Bildern gab es kaum tiefer gehende Bezüge zum Camino und zur Pilgerschaft. Die meisten Kirchen am Wege waren geschlossen oder nur zufällig geöffnet, weil geputzt und zur Semana Santa geschmückt wurde. Auch die Prozessionen während der **Semana Santa in Mérida** hatten (bei aller Anteilnahme der Gläubigen) eher einen folkloristischen Charakter, waren Touristenattraktionen, die ohne Frage beeindruckten, aber nicht(s) bewegten, (was natürlich von der Gestimmtheit eines jeden Einzelnen abhängig ist).
- Das Erlebnis ist die Natur, sind die blühenden Landschaften. Und die Kultur, die lebendige Geschichte in den Städten **Sevilla, Mérida, Zafra,**

Monasterio: Die Kirche San Pedro Apostól war nicht nur schön beleuchtet, sondern (ausnahmsweise) auch geöffnet.

Cáceres; sind die Baudenkmäler als Zeitzeugen, die vielen und vielfältigen Beispiele für Baustile und -techniken aus 20 Jahrhunderten. An den Kirchen und Kathedralen, Burgen und Palästen, Brücken und Aquädukten kann man ablesen, wie konstruktiv und kreativ der Mensch sein kann. Und wie Religionen und Dynastien im Wortsinn auf einander auf»bauen« – wenn schon nicht in einem friedlichen Miteinander, so doch in einem zwangsläufigen Nach-einander, aus dem dann unser heutiges Europa geworden ist …

So jetzt wird es aber Zeit für einen Stadtbummel durch **Cáceres**. Vorweg natürlich der obligatorische Café con leche. Und dann geht es zur **Santiago-Kirche**, die sogar geöffnet ist, weil recht munter die tottraurigen und prachtvollen Tragealtäre für die Prozession geschmückt werden. Im Hauptaltar ein Santiago als Matamoros, hoch zu Pferd und mit erhobenen Schwert für die Reconquista kämpfend. Das ist nicht mein Santiago, mir ist der Pater de Peregrinos lieber. Und ganz grundsätzlich und höchst

Merida: Das antike, mit blutroten Vorhängen dekorierte Theater wird zur Kulisse für die Semana Santa.

aktuell: Christentum gegen Islam, Islam gegen Christentum. Für mich ist es unvorstellbar, mit den Waffen Religionen auszubreiten oder auch zu verteidigen. Aber vielleicht wird eines Tages die hochgelobte Toleranz nicht mehr reichen, werden wir uns wehren müssen, wenn wir den »Untergang des (christlichen) Abendlandes« nicht hinnehmen wollen ... Und als wenn man meine Gedanken gelesen hätte, entdecke ich im Herausgehen im Bogen über dem Südportal ein Relief mit einem Santiago(?)-Pilger. Und später in der **Kathedrale** im Hauptaltar rechts unten im Dunklen einen Santiago als Pilger. Einen Euro für die Beleuchtung geopfert und im aufleuchtenden Licht sah ich den für die Nacht bereit gestellten Tragealtar mit dem für Cáceres berühmten Christo Negro – als ein »Ecce homo«, der mich fragend anschaute ...

Und dann läutete unüberhörbar mein Handy: Peter und Karin sind gerade eingetroffen, haben nach vergeblicher Herbergssuche von **Aldea del Cano** ein Taxi genommen und ziehen, weil die städtische Herberge (wieder einmal) voll ist, gerade in meine Pension ein, in das Zimmer

Auf Prozessionsaltären die lebendige Inszenierung der Passionsgeschichte: beginnend mit dem Einzug Jesu in Jerusalem

nebenan. Wir treffen uns auf der Plaza Mayor, wo uns der englische Peter über den Weg läuft und uns erzählt, dass er in **Alcuéscar** bei den Mönchen übernachtet hat. Er ist des Lobes voll über ein schönes Einzelzimmer und ein (fast) opulentes Abendessen – für ein Donativo. In der Nacht danach das Kontrastprogramm: in **Valdesalor** hatte er in einer Notunterkunft auf dem Boden geschlafen – allerdings umsonst. Als wir »die Häupter unserer Lieben« so durchzählen, stellt sich heraus: Brigitte muss eine Schnellläuferin und uns weit voraus sein; ähnlich wie überraschender- und erfreulicherweise Lukrese, die (immer noch wegen ihres »Umfalls« in der Autobahnbaustelle) immer wieder einmal mit dem Bus fährt.

Schlag 12 Uhr auf der Plaza noch einen Café con leche, diesmal mit einer Tarta und dabei alle die Eindrücke und Neuigkeiten in meinem Tagebuch »verarbeitet«. Dann für morgen etwas eingekauft: Joghurt, Apfelsinen, Magdalenas und eine Postkarte für Zuhause. Zurück in der Pension den ganzen Rucksack ausgeräumt und alles gewaschen und ein wenig unbotmäßig zum Trocknen ins Fenster gehängt (wird natürlich

Cáceres: Beeindruckend, nicht unbedingt bewegend: Ein Tragealtar mit der Mater dolorosa in einem Meer von weißen Blüten und brennenden Kerzen.

rechtzeitig zur Prozession wieder hereingeholt). Dann eine gemütliche Siesta mit einem Blick – durch die Wäsche hindurch – auf den Torre, auf dem immer wieder Störche starten und landen. Dann zur Post, vorbei an der **Casa y Torre de las Buenas** mit Pilgermuscheln an der Fassade und zusammen mit der Postkarte zum zweiten Mal Informationsmaterial und Weg-Protokolle für den geplanten Wanderführer nach Hause geschickt.

Um 20:30 Uhr beim Start der Prozession von San Juan ganz nah dabei gewesen: höchst respektabel, wie die großen und schweren Altäre durch das Kirchenportal hinaus gehoben und heraus geschoben, dann auf Kommando mit einem Ruck in die Höhe gestemmt und auf die Schultern abgesetzt werden. Wie sich die Prozession formiert, behutsam und ganz langsam in Bewegung setzt. Beim leichtesten Schwanken ein Aufstöhnen und dann Aufatmen und – etwas irritierend – aufbrandender Applaus.

In rund zwei Stunden wird die Prozession an der Plaza Mayor vorbeikommen. Dazwischen wenig pilgermäßig ganz profan Zeit zum Essen: Schweinefleisch mit einer würzigen Tomatensauce, dazu Patatas bravas

Das ganze Jahr Semana Santa: zwei »Kapuzen-Männer« vor der Kathedrale in Zamora.

und ein Vino Tinto; zum Abschluss eine Crema caramel. Es lohnt sich, nicht ins Bett zu gehen, weil um Mitternacht die **Christo Negro-Prozession** an der Plaza vorbeikommt. Sie ist an der Kathedrale gestartet und zieht dann ganz gemächlich gravitätisch durch die dunklen, viel zu engen Altstadtgassen, durch ein schmales Spalier von dicht gedrängt an die Hauswände gedrückten Zuschauern, die ihre Hälse strecken müssen, um den schwarzen Christus zumindest für einen kurzen Moment sehen, ansehen zu können. Mal schauen. ob auch wir etwas zu sehen bekommen. Die Plaza ist mehr als voll und laut und dann wird es auf einmal ganz still: Erst ein Arme-Sünder-Glöckchen aus der Ferne und aus der Tiefe Fackeln, getragen von schwarzen Kapuzenmännern. Flammende Lichter werfen ein flackerndes Licht auf einen Vorweg-Altar mit wie auf Ordenskissen gebetteten Marterwerkzeugen. Träge Trommelschläge scheinen bewusst zu verlangsamen und lassen die Prozession wie in einer Zeitlupe an uns vorüberziehen. Dann eine große Lücke, eine kleine Unruhe und ein Raunen, der »Haupt«-Altar nähert sich, zieht vorüber. Aus einem blauvioletten Blumenmeer herausragend, auf einem leicht schräg liegenden Kreuz silbermattschwarzschimmernd: der Christo Negro. All das in gerade einmal zehn Minuten aus der Tiefe des Raumes auf uns zu, direkt an uns vorbei, rechtsab schwenkend und in die dunklen Gassen wieder verschwindend. Und für diese kurze Weile ergriffene Stille und doch so etwas wie Andacht. Ein »Memento mori«-Moment weit nach Mitternacht – und vorbei. In einer Bar gegen die Nachtkühle einen Cognac und ein paar Nach/Gedanken: Der Tag war gut – gute Nacht.

24. April/25.April 2006: Im Tal des Ríonegro

Ich stehe vor der Kirche in **Santa Marta de Tera**, vor der wohl ältesten Jakobusdarstellung als Pilger – eine ausdrucksstarke Plastik aus dem 13. Jahrhundert –, ein ansprechender, anrührender Santiago, der mich nun auf dem **Camino de Santiago Sanabrés**, dem von der Vía de la Plata nach Westen abzweigenden Weg Richtung **Ourense**, begleiten wird. War ich gestern mehr oder weniger gewollt/ungewollt ein Asphalt-Perigrino, weil ich fast nur Straße gelaufen bin, so geht es heute fast traumwandlerisch durch das breite Tal des Rio Tera, durch lichte

Der »Santiago Peregrino« von Santa Marta de Tera ist nicht nur die älteste Jakobus-Darstellung als Pilger, sondern auch mein »wahrer Jakob«.

Mittelalterliche Tradition und moderner Komfort: Die Herberge in Ríonegro del Puente, erbaut von einer im Mittelalter gegründeten Bruderschaft.

Pappelhaine, vorbei an kleinen, bewässerten Feldern und durch die gelben Pfeile so sicher geführt, dass ich viel Zeit hatte, über den bisherigen Weg nachzudenken ...

Doch dann wurde es auf einmal sehr spannend. Ein großer Hund signalisierte mir durch sein Bellen: Ich habe Dich gesehen. Daraufhin setzen sich zwei weitere Hunde in Bewegung – geradewegs auf mich zu. Zwei drehten Gott sein Dank kurz vor mir ab und überließen dem kleinsten, mich knurrend und bellend recht hautnah am Schafstall vorbei zu eskortieren: durchaus beängstigende 50 Meter lang, auf denen ich versuchte, den lästigen Kläffer durch Nichthinschauen zu ignorieren. Wieder einmal gut gegangen und vielleicht stimmt es ja doch, dass diese Hunde nicht beißen, sondern nur bewachen wollen ...

Auf der Höhe dann ein Blick über einen stahlblauen Stausee. Der Weg schlängelt sich durch eine Heidelandschaft mit weiß blühendem und stark duftendem Ginster, mit tiefviolettem Heidekraut und grünbemoosten Felsen. Dann geht es hinunter ins Tal des Ríonegro, über die Brücke

Blick aus dem Herbergsfenster auf die Kirche von Ríonegro del Punte: obwohl Baustelle überraschenderweise (wieder einmal) eine Samstagabendmesse.

hinweg, hinein nach **Ríonegro del Punete**, vorbei an der Kirche, direkt zur Herberge. Schnell ein Bett belegt und in der Bar Central eine Caña de Cerveza bestellt, um möglichst schnell mein Tagebuch weiterzuschreiben …

Zweite Zwischenbilanz

- Nach dem ich in **Granja de la Moreruela** auf den **Camino de Santiago Sanabrés** Richtung Ourense abgezweigt bin – ein Blick zurück auf 647 Kilometer Vía de la Plata und die (er)nüchterne(de) Feststellung: Dieser Camino hat keinen Tiefgang.
- Das liegt natürlich an der eigenen Befindlichkeit: Mir geht es gut und ich habe keine Probleme, die mich belasten und über die ich nachdenken müsste. Der Weg läuft sich, die Landschaften und Städte bieten abwechslungsreich und vielfältig Sehenswertes und Beindruckendes.
- Insgesamt fühle ich mich wohl: das Wetter ist beständig gut, morgens manchmal zwar frostig kalt, mittags aber schön warm und durch den

Vor den Toren Zamoras: Die »Iglesia deSantiogo de los Caballeros«, einer der Orte zum Innehalten und Stillwerden.

Wind erträglich heiß. Das Übernachtungsproblem hat sich wesentlich verbessert, seitdem die alles okkupierenden Oster-(ferien)zeit-Gruppen endlich weg und spätestens in Salamanca abgereist sind. Seitdem gibt es Platz genug, kann sich jeder ein Bett aussuchen und hat das Bad für sich. Und einige wirklich sehr gute Unterkünfte trösten über die wenigen schlechten hinweg.
Verdurstet und verhungert bin ich auch nicht, wobei eine gewisse Frittier-Monotonie sich wegen mangelnder Spanisch-Kenntnisse nicht ganz vermeiden lässt.

Salamanca: An der Fassade der »Casa de Las Conchas« gibt es anscheinend mehr Jakobsmuscheln als Jakobspilger, die mit mir auf der Via de la Plata unterwegs waren.

Vedra: der Jakobsbrunnen zwischen alter Kapelle und neuer Herberge weckt die Vorfreude auf Santiago.

- Seit **Salamanca** sind weniger Menschen unterwegs, fast alle, die ich aus den ersten Wochen kannte und etwas näher kennen gelernt hatte, sind zwischenzeitlich heimgefahren bzw. -geflogen. Selbst als ein passionierter Einzelgänger vermisse ich die/den eine/n oder andere/n Weg/Begleiter/in und Gesprächs/Partner/in doch sehr und – zugegeben – über ein Wiedersehen irgendwann und irgendwo würde ich mich freuen.
- Die Gruppe derjenigen, die mit mir z. Z. unterwegs und abends in den Herbergen sind, ist klein und bleibt überschaubar. Man kennt die Namen, weiß das ein oder andere über den ein oder anderen. Aber es gibt kaum tiefer gehende Gespräche. Keiner von denen fühlt sich letztlich als Pilger. So gut wie alle, sagen von sich, dass sie kirchenfern leben, nicht gottgläubig sind; haben aber ganz individuelle spirituelle

Vorstellungen und Erfahrungen und in diese Richtung gehende Erwartungen an den Weg.

- In der Regel sind die Kirchen nur in den größeren Städten geöffnet und werden – wenn überhaupt – von den meisten mehr aus kunsthistorischen Interessen besucht. Ab und zu ergibt sich die Möglichkeit zum Besuch einer Messe. Nur ganz selten nimmt der Priester den Pilger (im Hintergrund) wahr, kommt auf ihn zu, spricht ihn an. Und mancher Pfarrer scheint notgedrungen mehr Fahrer zu sein, der nach dem Gottesdienst schnell mit seinem Auto weiterfährt zur nächsten Kirche / Gemeinde …
- Bleibt das stille Verweilen in einer Seitenkapelle der Kathedralen, in der Kirche eines Klosters, in einer kleinen Kapelle am Wege oder – wie in **Santa Marta de Tera** – die berührende Begegnung mit dem Pilger Jakobus: Momente des Innehaltens im Unterwegssein …

Nach einer zweiten Caña de Cerveza muss ich mich nun aber um das Alltägliche kümmern: einkaufen, waschen, duschen und die Zeit bis zum Abendessen verkürzen mit einem heißen Kaffee, weil man – obwohl es draußen noch ganz schön warm ist – in der Herberge auskühlt. Die Kirche **Virgen de la Carballeda** wird zur Zeit renoviert, ist innen fast vollständig eingerüstet. Trotzdem im Seitenschiff einen Santiago entdeckt. Dann ein kurzer Glockenschlag und – ausnahms- und darum überaschenderweise – beginnt ein Samstagabendgottesdienst. Ein sehr alter Pfarrer bemüht sich mit fast versagender Stimme und mit sehr langsamen und sparsamen Bewegungen. Zwischen den Gerüsten sich verlierend eine kleine Gemeinde von alten Menschen (weil die jungen unten am Fluss angeln und grillen). Nach der Messe hinüber in die Bar zu einem Abendessen zu sechst: Patrick und sein Freund, Manfred und Christa, Michel und ich. Seit ein paar Tagen eine kleine, alternierende Ess- und Schlafgemeinschaft. Es gab gemischten Salat mit Thunfisch, Spiegeleier mit Schinken, dazu frisches krosses Brot und einen leichten Vino Tinto und das alles reichlich viel für wenig Geld. Nach einem Schlehenschnaps zum Verdauen und Aufwärmen ab in unsere Luxusherberge, die wir ganz für uns haben. Es gibt viel Platz: 20 Betten im oberen und noch einmal 20 im unteren Schlafraum. Also schlafen drei oben, drei unten und für jeden gibt es eine Dusche und eine Toilette. Das alles ganz neu, sehr weiß, wirkt aber auch ein wenig kalt. Umso freundlicher die Betreuung durch die Mitglieder der Cofradía de los Falifos, die aus dem Mittelalter stammt und sich noch heute um die Santiago-Pilger kümmert: »Gracias!«

Am Ziel: nach sieben Wochen Vía de la Plata glücklich angekommen in Santiago de Compostela

Am Portal zum Colégio San Jeronimo der Jakobus »mit dem appen Arm«: einer meiner Lieblings-Santiagos.

11. Mai 2006: Ankunft in Santiago

Gestern Abend nach 35 Kilometern rechtschaffen müde in der neuen Herberge in **Vedra** angekommen. Von dem modernen Zweckbau sind es nur ein paar Schritte zur barocken Santiago-Kapelle mit einem schönen Pilgerbrunnen und einen weiten Blick in den nächtlichen Sternenhimmel: ein guter Platz, um sich vor dem Schlafengehen nach sechs Wochen Wanderung auf die Ankunft in Santiago de Compo/Stela einzustimmen.

Heute Morgen sind wir dann alle früh raus, brechen ohne Frühstück auf, weil wir wohl vor Mittag in Santiago sein wollen. Der Gang durch die Eukalyptus-Wälder im Morgengrauen und bei aufgehender Sonne ist sehr schön. Die erste Bar nach acht Kilometern ist leider (noch) geschlossen. Aber nach der kleinen Lucia-Kirche, die malerisch einem kleinen Fluss liegt, findet sich an der N525 die Gelegenheit zu einem Café con leche grande mit ein paar Magdalenas. Dann wird es etwas anstrengender: Es geht rauf und runter, unter der Eisenbahn durch, über die Autobahn weg, mal links, mal rechts – in dem krampfhaften Bemühen, durch den Camino die Nationalstraße zu vermeiden und doch Santiago irgendwie etwas näher zu kommen. Dann geht es endlich durch die Vororte, zwischendurch immer wieder einmal ein Blick auf die Kathedrale, die aber im Morgendunst kaum zu sehen ist. Endlich auf vertrauten Straßen durch die Altstadt zum **Obradoiro**, direkt zu meiner »Privat«-Pension **»Estella«** und wie in den Jahren zuvor in der ersten Nacht das Zimmer nach hintenheraus, aber mit komfortabler Dusche; ab der zweiten Nacht das Zimmer nach vorn heraus ohne Dusche, aber mit dem einmaligen Blick auf die Kathedrale. Dann und dort das obligatorische Ankunftsritual: fast den ganzen Rucksack in die Waschmaschine geleert, 0,60 Euro für Waschpulver, 2,00 Euro in den Automaten; während die Maschine läuft erst unter die Dusche und danach auf der kleinen Pensionsterrasse einen Café und ein Tarta de Santiago mit Blick auf die Kathedrale. Angekommen!

Auf dem Weg zur Pilgermesse am **Pilgerbüro** vorbei, um mir meine Compostela zu holen: Wieder die vergebliche Suche nach einem Heiligen Winand, um die Urkunde vorschriftsgemäß ausfüllen zu können. Stellvertretend und meinem zweiten Vornamen entsprechend soll der Heilige Franz(iskus) aushelfen, Frage nur welcher. Dann in die **Kathedrale**, in die Pilgermesse, leider etwas verspätet, was aber nicht so schlimm ist, weil ich die spanische Predigt so und so nicht verstanden hätte. Etwas unandächtig schaue ich mich um und sehe ein paar Bänke vor mir die Slowakin und die beiden Nürnberger. Die Kathedrale ist zwar voll, aber es scheinen mehr Reisegruppen und Touristen als Camino-Pilger und -Wanderer zu sein. Kein Wunder, dass selbst der Erzbischof sich fragt, wen er da jeden Mittag in seiner Kathedrale hat. Und wen wundert es da, dass zum Abschluss der Messe das Schwenken des riesigen **Botafumeiros** wie eine Attraktion laut bejubelt und beklatscht wird. Aber um ehrlich zu sein: die stürmischen Begrüßungen unter den Pilgern, das bewegende Wiedersehen und die Freude über das gemeinsame Ankommen in Santiago fallen auch nicht viel leiser aus. Die Erfahrung sagt: Wer seinen langen Weg in Ruhe und Andacht ausklingen lassen will, geht am besten morgens, wenn die Kathedrale öffnet, in einen der Morgengottesdienste. Und das werde ich dann wohl auch tun …

Nach der Pilgermesse vor der Kathedrale Ausschau gehalten: Gibt es da jemanden, der mit mir auf der Vía de la Plata unterwegs war? Auf dem Weg hält man immer nach dem nächsten gelben Pfeil oder nach der Muschel Ausschau – in Santiago nach bekannten Gesichtern. Man schaut,

Einzug des Erzbischofs Julián Barrio Barrio von Santiago de Compostela in »seine« Kathedrale.

fragt und erkundigt sich: Wer ist auch schon da, wer kommt vielleicht noch oder wer ist (leider) schon wieder weg? Auf meinen bisherigen Wegen habe ich erfahren, dass man auch nach Menschen, die man mehr oder weniger kennt, Heimweh haben kann …

Mein schweifender Blick wandert von der Kathedrale über die Plaza de Obradoiro zum Colégio de San Jerónimo und da steht vor dem Portal unter einem meiner Lieblings-Santiagos (der mit dem »appen Arm«) ein jungen Spanier, der mich seit Ourense immer wieder einmal freundlich gegrüßt hat und mir auch jetzt erfreut zuwinkt. Dann »entdeckt« mich ein Franzose und versucht mir wortreich zu erklären, dass er mich unterwegs mehrfach gesehen, überholt, aber nie mit mir hätte sprechen können, weil er nicht in Herbergen übernachtet hätte. Jetzt, wo wir hätten mit einander sprechen können, geht auf einmal sein Blick an mir vorbei, er rennt los und fällt einer jungen Frau um den Hals. »C'est la vie« denke ich, drehe mich um – und laufe direkt Marc(us) in die Arme. Das ist der Texaner, mit dem Rita, Mareike und ich am ersten Abend auf der Vía de

Einer der friedlichsten Plätze in Santiago: im Kreuzgang der Colegiata Santa María la Mayor y Real de Sar

la Plata in Guillena Hühnchen gegessen haben. Bis Salamanca haben wir uns immer wieder einmal getroffen, dann soll er sich einer Frau mit Esel angeschlossen haben, weil der sein Gepäck getragen und sie ihn gemocht haben soll.

So haben wir uns aus den Augen verloren und uns nun – Zufall oder kairós – in Santiago wiedergefunden. Erst haben wir ein großes Bier getrunken, dann lecker gegessen, dabei viel geredet. Dann waren wir beide reif für eine Siesta. Wir haben wir uns verabschiedet – zum ersten Mal mit einer ganz vorsichtigen Umarmung. Er verschwand im Parador

Der Bischofspalast in Astorga: hier stößt die Weg-Variante der Via de la Plata auf den Camino Francés.

Hostal des los Ryes Católicos, ich in meiner kleinen Pension: vorbei und diesmal wohl auf Nimmerwiedersehen ....

Am späten Nachmittag einen kleinen Ausflug gemacht, dahin, wohin ich immer schon einmal wollte, aber bei meinen bisherigen Santiago-Besuchen nicht gekommen bin, weil etwas abseits gelegen. Ich bin ins Sar-Tal gegangen und habe die **Colegiata Santa María la Mayor y Real de Sar** besucht: eine romanische Kirche, in deren Hauptschiff die Säulen – wie Schiffsplanken – schräg nach oben ausgerichtet sind, entweder genial gewollt oder einfach durch Bodensenkung im Laufe der Jahrhunderte

Schloss der Kreuzritter in Ponferrada

passiert. Wie auch immer: die überraschende Ausweitung nach oben hat eine verblüffende Wirkung, macht den Raum wirklich zu einem Kirchen/Schiff. Auch der kleine Kreuzgang war eine kunsthistorisch interessante Entdeckung, aber vor allem ein ruhiger Ort, um rückblickend über meinen Weg und über meinen weiteren Lebensweg nachzudenken …

In meinem »Stammlokal« an der **Plaza Cervantes** zu Abend gegessen: Rinderbraten mit galicischen (?) grünen Bohnen und einem Vino Tinto. Diesmal allein, so dass ich Zeit hatte zu planen: Noch zwei Tage in Santiago, dann mit dem Bus zurück bis **Benavente** und weiter nach **Granja**

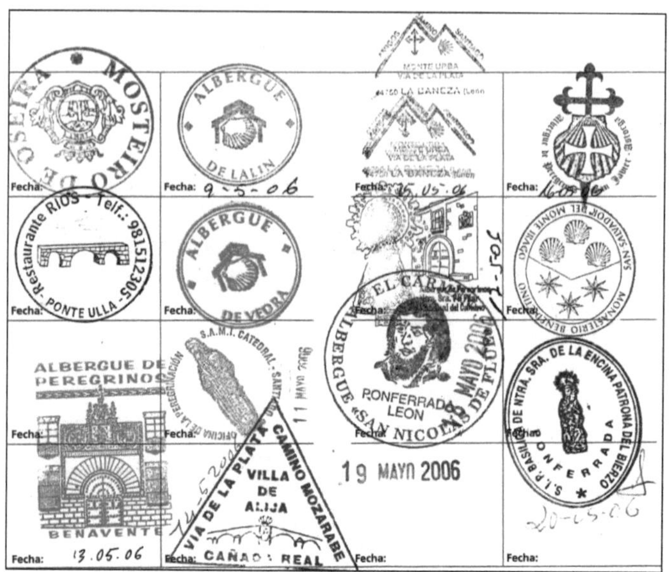

Nach dem »Kulturschock« auf dem Camino Francés: eine letzte Übernachtung in der Albergue in Ponferrada und ein letzter Stempel im Pilgerpass.

de la Moreruela, (wo ich vor gut zwei Wochen Richtung Nordwesten abgebogen war), um dann von dort (zur Fortsetzung der Recherchen für einem Vía de la Plata-Wanderführer, den ich gern machen wollte, der aber leider nie fertig geworden ist) die **Vía de la Plata-Variante** zu gehen, die nach Norden über **Astorga** und dann nach Westen auf dem **Camino Francés** nach **Santiago de Compostela** führt …

Postskriptum

Ich bin nur bis **Ponferrada** gegangen. Den weiteren Weg nach Santiago habe ich mir erspart: zum einen, weil ich den Camino Francés sehr gut kenne, zum anderen, weil es – nach der Vía de la Plata – einfach keinen Spaß macht, an dieser hektischen Völker/Wanderung im End/Spurt auf Santiago teilzunehmen. Stattdessen habe ich (wie schon 2003) einen Abstecher ins **Valle del Silencio** gemacht, das wirklich so ist, wie es heißt: still und einsam – wunderschön. Im Dorf Peñalba habe ich wieder die kleine, im 10. Jahrhundert im mozarabischen Stil erbaute Kirche **Santiago de Peñalba** besucht. Mein ganz persönliches »Santiago« als würdiger Abschluss meiner Vía de la Plata-Wanderung.

Über den Brennerpass

Auf Süd/Tiroler Jakobswegen von Bozen nach Innsbruck

Als wir planten, eine Tagung, an der meiner Frau im September 2017 in Innsbruck teilnehmen wollte, mit ein paar gemeinsamen Ferientagen am Gardasee zu verbinden, kam mir der Gedanke, dass ich – während meine Frau in Innsbruck tagen würde – auf Jakobswegen von Bozen über den Brennerpass nach Innsbruck wandern könnte. Angeregt von einem Beitrag von Prof. Dr. Horst Degen mit dem Titel »Der Südtiroler Jakobsweg« in der »Kalebasse« im Juli 2013 (Nr. 54, S. 50–70), – ganz besonders durch die Ankündigung auf Seiten 67/68: »Ein weiterer Jakobsweg ist derzeit in Vorbereitung, und zwar von Brixen in südlicher Richtung nach Bozen über den sog. »Keschtnweg«, der hoch über dem Eisacktal entlang des Rittener Hochplateaus dem schon bestehenden Kastanien-Wanderweg folgen wird. Ein Weg, der besonders im Herbst zu empfehlen ist, wenn die Kastanien reif und die Buschenschänken geöffnet sind.« Das las sich sehr viel versprechend.

Weitere Recherchen ergaben, dass es keinen neu(er)en Wanderführer für dieses Süd/Tiroler Gebiet gibt, und so musste ich auf zwei ältere im Tyrolia-Verlag erschienene Bücher von Peter Lindenthal zurückgreifen: »Jakobswege in Südtirol« (erschienen 2008) und »Auf dem Jakobsweg durch Süd-Österreich, Slowenien und Südtirol. Von Graz über Marburg, Kärnten, Ost- und Südtirol nach Innsbruck« (erschienen 2002).

Auf Anfrage schickte mir das Bildungshaus Kloster Neustift eine vom Jakobsweg Graubünden herausgegebenes, sehr umfangreiches, aber auch recht kompliziert zu handhabendes Faltblatt: »Auf dem Jakobsweg in Südtirol und Graubünden« (Thusis/Kloster Neustift, o. J.) mit zwei Karten und insgesamt 34 kurzen Etappenbeschreibungen von Winnebach an der Südtiroler Ostgrenze über Müstair nach Amsteg an der Graubündener Westgrenze, von denen immerhin sechs meinen geplanten Weg betrafen.

Unterwegs gab es dann in den örtlichen Tourismusbüros Panoramakarten mit eingezeichneten Wanderwegen z. B. vom Ritten-Gebiet, von Klausen und Umgebung, von der Ferienregion Wipptal und – für mich besonders wichtig – ein Heft zum »Eisacktaler Keschtnweg « mit sieben Wanderkarten und Höhendiagrammen und zahlreichen Gastronomiehin-

In der Kompass Wanderkarte 1:25.000 ist auch der Jakobsweg von Klausen nach Neustift verzeichnet.

weisen (herausgegeben vom Tourismusverband Eisacktal und Tourismusverein Ritten, Bozen o.J.).

Das Wandergebiet und mein Wanderweg

Im »Tal der Wege«

Das Tal der Sill im österreichischen Nordtirol und das Tal des Eisack im italienischen Südtirol werden als »Tal der Wege« bezeichnet. Die Wasserscheide zwischen beiden Flüssen bildet der Brenner, der wegen der relativ geringen Passhöhe von 1375 m der niedrigste Alpenübergang und damit einer der wichtigsten Nord-Süd-Nord-Verbindungen in den Alpen ist.

Durch diese beiden Täler führte die Straße der Römer, die auf der Via Raetia gen Norden gezogen sind. Die Straße der deutschen Könige, um sich in Rom zum Kaiser krönen zu lassen. Die Straße der Heere, um Land zu erobern oder Grenzen zu verteidigen. Die Straße der Kaufleute, um Handel zu treiben zwischen Nord- und Südeuropa und dem Orient. Auch eine Straße der Kultur und Kunst, Reiseweg z.B. der Minnesänger wie Oskar von Wolkenstein; der Maler wie Albrecht Dürer, der Dichter wie Johann Wolfgang von Goethe.

Ab der 2. Hälfte des 19. Jahrhunderts begann der technische Fortschritt mit dem Bau der Brennerbahn und Autostraße. Trotz der Grenze seit 1919 folgte in der zweiten Hälfte des 20. Jahrhunderts die Erweiterung durch die Autobahn. Und zur Zeit gibt es zwischen Innsbruck und Brenner eine riesige Baustelle für einen neuen Tunnel, um die ständig anwachsenden Transitströme auf Straße und Schiene bewältigen zu können.

Durch das Sill- und Eisacktal gingen und gehen aber auch die Wege der Wandergesellen und -arbeiter, der Kultur- und Natur/Wanderer und auch der Pilger nach Jerusalem, Rom oder Santiago de Compostela. Früher nutzten sie die vorhandenen Wege und Straßen zusammen mit den Reitern und Fuhrleuten.

Heute gibt es ein ganzes Netz von eigens angelegten Wander- (und auch Radwegen), die z.T. durch eine eigene Beschilderung auch als Pilgerwege ausgewiesen sind. Mit zu den wichtigsten Nord-Süd-Nord-Wege-Verbindungen zwischen Innsbruck, Bozen und Innsbruck gehören der »Keschtnweg« durch das Eisacktal und der Wipptaler Wanderweg durch das Silltal, die zugleich auch als Süd/Tiroler Jakobswege, entweder nach Norden über Innsbruck bzw. nach Süden über Bozen letztlich nach Santiago de Compostela führen.

Die Etappen auf dem Weg von Bozen nach Innsbruck (Insgesamt 135 km)

Am Sonntag, 24. September 2017, bin ich auf unserer Rückfahrt vom Gardasee in Bozen ausgestiegen. Nach einem Besuch in der Pfarr- und seit 1964 auch Bischofskirche Maria Himmelfahrt als spirituellem Beginn meiner Wanderung bin ich mit der fast 5000 Meter langen Rittner Seilbahn von Bozen (262 m) hinaufgefahren nach Oberbozen (1220 m) hoch oben auf dem Ritten-Plateau und von dort dann zu meiner Wanderung aufgebrochen.

Ohne exakte Routen/Planung und Hotel/Reservierungen wollte ich einfach nur den Wegweisern mit Kastanie und/oder Muschel folgen und so ver»lief« mein Weg wie folgt:

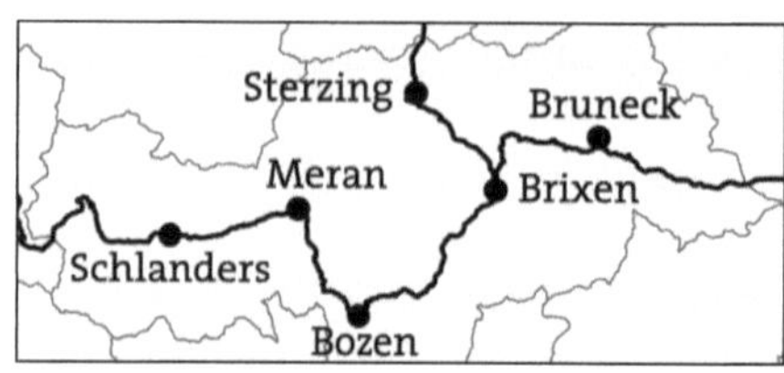

Jakobswege in Südtirol

1. Etappe: Sonntag 24. September 2017. Von Oberbozen (1221 m) über Wolfsgruben am See (1206 m) und Unterinn (911 m) nach Lengstein (970 m). Insgesamt ca. 17 km. Übernachtung im historischen Gasthof Schwaiger (48,00 Euro).

2. Etappe: Montag 25. September. Von Lengstein (970 m) über St. Verena (889 m), Kollmann (485 m), Klausen (525 m), Kloster Säben (711 m) und Pardell (770 m) nach Verdings (961 m). Insgesamt ca. 20 km), Übernachtung: Pension St. Valentin (42,00 Euro)

3. Etappe: Dienstag 26. September. Von Verdings (961 m), über Feldthurns (858 m), Tschötsch (710 m), St. Jakob an der Mahr (565 m), Brixen (561 m) und Kloster Neustift (595 m) nach Franzensfeste (730 m). Insgesamt ca. 23 km). Übernachtung im Hotel Post (55,00 Euro)

4. Etappe: Mittwoch 27. September. Von Franzensfeste (730 m) mit dem Bus bis Niederied (937 m). Zu Fuß weiter über Thuins (1070 m) und Sterzing (948 m) nach Gossensaß (1098 m). Insgesamt ca. 26 km. Übernachtung beim Moar-Wirt (36,00 Euro)

5. Etappe: Donnerstag 28. September. Von Gossensaß (1098 m), über den Brennerpass (1370 m), Lueg (1250 m), Gries (1164 m), nach Steinach (1049 m). Insgesamt ca. 22 km. Weiter mit dem Bus nach Matrei (980 m). Übernachtung im Gasthof Zum Lamm (50,00 Euro)

6. Etappe: Freitag 29. September. Von Matrei (980 m), über Phons (1100 m), Ellbögen (1070 m), Patsch (998 m) und Igels (870 m) nach Innsbruck (574 m). Insgesamt ca. 28 km. Übernachtung im Hotel Tautermann Doppelzimmer 92,00 Euro)

Am Freitagabend endete die Tagung meiner Frau in Innsbruck und am Samstagmorgen machten wir uns wieder gemeinsam mit dem Auto auf den Rückweg nach Bonn.

Unter Kastanien die Kombination von »Kastanie« und »Muschel« als Wegweiser für Wanderer und Pilger.

Weg/Erfahrungen und Jakob/Spuren

Auf dem Keschtnweg/Südtiroler Jakobsweg durch das Eisacktal von Bozen bis zum Kloster Neustift

Der Keschtnweg, der Sentiero del Castagno, also der Kastanienweg, ist mit einer Kastanie gekennzeichnet, der neuerdings eine gelbe Jakobsmuschel auf einem blauen Richtungspfeil hinzugefügt worden ist. Dieser Pfeil weist in der Regel nach Süden, weil dieser Teil des Südtiroler Jakobsweges vom

Ein »High«light auf dieser Wanderung: hoch über Klausen das alles überragende Kloster Säben

Kloster Neusstift bei Brixen nach Bozen und weiter nach Graubünden führt. Da ich in Gegenrichtung laufe, finde ich nicht immer den Weg, was aber bei dem dichten Netz mit Rot/Weiß/Rot gekennzeichneten Wanderwegen nicht so schlimm ist. Der Weg geht durch das Eisacktal, am östlichen Hang des Ritten entlang, verläuft in einem ständigen Auf und Ab zwischen 250 und 1000 Metern. In der Regel sind es bequeme Wanderwege, vorbei an Weidewiesen und Obstplantagen, durch Nadel- und Laubwälder, und natürlich vorbei an vielen, mächtigen Kastanien am Wegesrand.

Etwas problematisch sind immer wieder die tiefen V-Einschnitte mit sehr steilen und steinigen Bergpfaden hinunter zur Bachquerung und dann wieder hinauf. Trotz Stöcken für einen alten Mann ganz schön anstrengend und auch zeitraufwendig wegen der beachtlichen Höhenmeter, die jeden Tag auf- und abwärts zu schaffen sind. Als »easy-going«-Alternative bietet der Wanderführer ab und zu den Radweg München ↔ Venezia an, der unten im Tal direkt neben dem Eisack verläuft, wo man allerdings die Kennzeichnung mit der Jakobsmuschel verschämt weggelassen hat.

Eine versteckte Rarität: In der Friedhofskapelle von Verdings (bei Klausen) die Darstellung eines Lebensrades zwischen Sensenmann und Jüngstem Gericht, zwischen Himmel und Hölle

Unterwegs gibt es viel zu sehen und immer wieder einen Grund, mal kürzer, mal länger zu verweilen. Von den vielen Eindrücken in Dörfern und Städten, von Burgen und Kirchen einige Beispiele (leider nur in Stichworten, weil sie sonst diesen Rahmen sprengen würden). Im Eisacktal die ehemalige Zollstätte mit ihren rot/weißen Rauten-Fassaden in Kollmann. Jenseits des Tales über Waidbrück die mächtige Trostburg derer von Wolkenstein und diesseits des Tales über Klausen das Kloster Säben. Hinauf auf einem steilen Kreuzweg, vorbei an der Wallfahrtskapelle und einem großen, bunt blühenden Bauerngarten, hin zur mächtigen Klosteranlage und damit zurück bis zu den Anfängen der Diözese Brixen.

Im heutigen Brixen ein großartiges Ensemble: Der barocke Dom und der romanische, im 14. Jahrhundert komplett ausgemalte Kreuzgang mit dem vollständigsten und schönsten Freskenzyklus in ganz Tirol, der sich »fortsetzt« in der an den Kreuzgang angebauten, romanischen Johanniskirche.

»Hühnerwunder« im Chor der Kirche St. Jakob in der Mahr bei Brixen (Foto entnommen aus dem Buch »Der Pilgerweg nach Rom« von Ferdinand Treml, Tyrolia Verlag, 2013)

Auf dem Weg von Bozen nach Brixen beeindruckten mich besonders auch zwei große, gut restaurierte Fresken: die Darstellung eines Lebensrads in der Friedhofskapelle neben der Kirche St. Valentin in Verdings und des Galgen- und Hühnerwunders in St. Jakob in der Mahr vor Brixen (siehe dazu Dr. Horst Degen in »Kalebasse«, Nr. 26, 1999, S. 29–41).

Nach Brixen das Kloster Neustift: zwischen der sog. Engelsburg und der Stiftskirche mit Kreuzgang der gutbesuchte Stiftskeller. Im Chorherrenstift ist auch das Zentrum »Jakobsweg in Tirol«, wovon ich bei meinem Rundgang aber nichts bemerkt habe. Hier endet der Keschtnweg.

Nördlich von Brixen die imponierende Anlage des Klosters Neustift: Kreuzungspunkt der Nord-Süd-Route und der Ost-West-Route der Süd/Tiroler Jakobswege

Auf dem Süd/Tiroler Jakobsweg vom Kloster Neustift über den Brennerpass nach Innsbruck

Als Anlauf zum Aufstieg geht es zunächst – anstatt auf dem Jakobsweg – wieder einmal auf dem Radweg München ↔ Venezia weiter. Entlang am fast schnurgrade verlaufenden Eisack-Kanal: Kilometer lang auf Asphalt, dafür absolut eben und flach. Und dann werden Brennerbahn, Staatsstraße und Autobahn ganz dicht zusammen, manchmal sogar übereinander geführt. Dazwischen zwängen sich der Rom-Weg/die Via Romana, der Radweg München ↔ Venezia und der Südtiroler Jakobsweg. Beim Endspurt hinauf zum Pass werden sie auf dem Radweg München-Venezia zusammengelegt, der auf der Trasse der ehemaligen Brennerbahn angelegt worden ist. Er führt durch ehemalige Eisenbahntunnel vorbei an alten Signalanlagen und leer stehenden Bahnhofsgebäuden und geht nun auch durch bis hinauf zum Brennerpass, so dass die letzten Kilometer nicht mehr – wie bei Degen beschrieben – auf der viel befahrenen Nationalstraße zurückgelegt werden müssen.

Zwischen Eisenbahnsignalen der bequeme Aufstieg zum Brennerpass auf dem Radweg, der auf der ehemaligen Strecke der Brennerbahn angelegt worden ist.

Auf dem Brennerpass vor dem Turm der spätgotischen Kirche St. Valentin: mit 1.375 Metern der höchste Punkt dieser Wanderung, aber kein Höhepunkt

Vor dem hoch aufragenden Zwölferturm die vielfarbigen Fassaden im sehr gastfreundlichen Sterzing

In Sterzing lohnte es sich, eine Pause einzulegen, am Stadtplatz vor dem Zwölferturm-Tor einen Kaffee zu trinken, danach die Fresken in der Spitalkirche zu besichtigen. Vor den Toren der Stadt liegt die Pfarrkirche »Unsere liebe Frau im Moos«, von der ein Besinnungsweg hinaufführt nach Thuins zur Jakobskirche. Durch das mit einer Muschel geschmückte Eingangsportal fällt der Blick auf den Hauptaltar mit einer Darstellung der Enthauptung des Heiligen Jakobus und mit einer Statue des Heiligen als Pilger.

Ansonsten ist dieser Wegabschnitt durch die nach wie vor beeindruckende Alpenwelt eine kulturelle »Durststrecke«. Die Franzensfeste mag für Militärfreunde interessant sein, war mir aber keinen Abstecher wert. Der Ort selbst ist trostlos, hat aber immerhin als einzige Übernachtungsmöglichkeit das Hotel Post am Bahnhof, wo ich spät abends Gott sei Dank noch ein Zimmer bekommen habe. Von dem einmal berühmten Brenner Bad ist nichts mehr zu sehen und der Brennerpass ist wirklich kein Höhepunkt, sondern als großer Verladebahnhof mit zwei Kirchen und ein paar Kiosken eine große Enttäuschung. Es gibt nicht einmal einen markanten

Punkt mit einem Hinweis auf die Passhöhe von 1375 Metern oder auf die Bedeutung dieses Alpenübergangs als Hintergrund für ein Erinnerungsfoto. Selbst der Grenzübergang, den es erst seit 1919 gibt, ist unspektakulär, – dank der EU-Reisefreiheit. Irgendwo müsste hier der Südtiroler Jakobsweg enden und der Tiroler Jakobsweg beginnen. Aber nirgendwo habe ich hier oben eine Jakobsmuschel gesehen, also gehe ich die Bundesstraße hinunter, die erfreulicherweise für den Fernverkehr Richtung Innsbruck gesperrt und darum nicht zu viel befahren ist. Kurz vor Gries ein Lichtblick: Das kleine, dem Heiligen Sigmund und Christoph geweihte Kirchlein in Lueg ist ein schöner, besinnlicher Ort mit einer spirituellen Atmosphäre, um den Gedanken nachzugehen, die bei dem profanen Ambiente am Brennerpass nicht aufkommen konnten. Auf der anderen Seite des Silltals, über der Raststätte der Autobahn, erhebt sich die Jakobskirche von Vinaders (siehe dazu nochmals Dr. Horst Degen in »Kalebasse«, Nr. 29, 2001, S. 26–33). In Gries stoße ich zum ersten Mal auf einen Wegweiser »Wipptaler-Wanderweg«, dazu noch mit einer Muschel als Tiroler Jakobsweg ausgewiesen. Er folgt dem Lauf der Sill, die Richtung Norden fließt und in Innsbruck in den Inn mündet. Da er aber recht weit oben am Hang entlang verläuft, verlaufe ich mich mal wieder und fahre mit dem Bus weiter nach Matrei am Brenner.

Die letzte Etappe wird dann wider Erwarten noch einmal ein schöner, aber auch recht langer Wandertag. Von Matrei geht es zunächst hoch hinauf nach Phols. Dann aber in einem gemächlichen Auf und Ab auf Wiesen-, Wald- und Wirtschaftswegen, die z.T. früher einmal die ehemalige Römerstraße waren. In einer Wegkurve lädt eine Bank an einer Kapelle zur Mittagspause ein. Vor dem Aufbruch entdecke ich, dass die Tür offen ist und dass auf dem Altar ein Votivbild steht, auf dem »alle Heiligen« um die Errettung der armen Seelen aus dem Fegefeuer bitten. Ganz oben neben der Heiligen Maria zu meiner Überraschung ein Heiliger Jakobus (oder doch nur ein Heiliger Rochus?), der als Pilger direkt vor der Heiligsten Dreifaltigkeit kniet. Weiter geht's nach Patsch, wo vor der Kirche eine große Informationstafel über den Jakobsweg aufgestellt ist, u.a. auch mit einem Hinweis auf den Pilgerstempel: Aber die Kirche ist leider geschlossen. Von Igls führt dann ein weit ausschwingender Serpentinenweg durch den Wald hinunter zum Stift Wilten am Rand der Innenstadt von Innsbruck. Mein Weg endet auch diesmal wieder im Dom St. Jakob. Mit einem kurzen Dankgebet in der Sakramentskapelle und natürlich auch mit einem Stempel in meinem ansonsten (fast) leeren Pilgerpass.

Mein Resümee

Ohne Frage: Der Weg ging durch eine herrliche Landschaft mit einer farbenprächtigen Kulisse aus bereits herbstlich gefärbten Laubwäldern und bunt bemalten Hausfassaden vor einem imponierenden Alpenpanorama mit ersten weißen Schneespitzen vor mal dunkelblauem, mal dunkelgrauem Himmel. Mit viel Sonne und etwas Regen, mit Morgen- und Abendfrische und angenehmen Temperaturen im »Laufe« des Tages. Er führte durch ein fruchtbares Land, vorbei an leider schon abgelesenen Weinberghängen und durch dichte Baumspaliere, noch prall voll mit grünen oder roten Äpfeln. Dazu immer wieder einmal der Duft von Heu, von letzten überreifen Pflaumen und Birnen, und auf dem Boden lagen und öffneten sich die ersten Esskastanien. Er bietet viel Gastfreundschaft mit leckeren Tiroler Spezialitäten und Weinen, ohne Übernachtungsprobleme. Die Zeit der einladenden Buschenschänken beginnt aber wohl erst im Oktober.

Ohne Frage: Es gibt ein Verkehrsproblem, vor allem durch eine besondere Verdichtung im Eisacktal. Aber auf den weitaus größten Streckenabschnitten ist das Tal sehr weit und damit der Verkehr sehr weit weg und in der Regel liegen die Wege weit oben und sind so über den Verkehr unten im Tal »erhaben«. Und in den wenigen Engpässen vor dem Brennerpass, wo die Wanderwege zwischen Schienen und Straßen mäandern, eingezwängt zwischen den vielbefahrenen Verkehrswegen mit vorbeisausenden oder auch im Stau stehenden PKWs und verbeirauschenden Zügen, mit schweren »Brummis« und ratternden Güterwagen, übertönt fast immer das Rauschen und Tosen von Eisack und Sill den Verkehrslärm.

Mir stellt sich aber bei den Süd/Tiroler Jakobswegen – genauso wie bei so manchem Jakobsweg in Deutschland – die Frage »nach Henne oder Ei«. Sind hier alte Pilgerwege zu Wanderwegen geworden oder wurden hier ganz profane Wanderwege zu Jakobswegen gemacht? Auf den Karten sind sie als Jakobswege unübersehbar eingetragen, bilden Verbindungsglieder im europaweiten Jakobswege-Netz. Sie werden als solche ausgeschildert, indem den bereits vorhandenen Wegweisern entweder nur ein Aufkleber mit Jakobsmuschel oder ein eigener Jakobsweg-Wegweiser hinzugefügt wird. Mehr oder weniger konsequent: Unterwegs scheinen sich diese Wegweiser immer wieder einmal in der Landschaft zu verlieren bzw. habe ich die Jakobsmuschel immer wieder einmal aus den Augen verloren. Und manchmal findet man vor lauter Schildern nicht

Auf der Suche nach dem »wahren Jakob«sweg (in der barocken Kirche »Zur unbefleckten Empfängnis« in Gossensaß)

mehr den Jakobsweg. Auf dem ganzen Weg habe ich keinen einzigen Jakobsweg-Wanderer oder -Pilger getroffen. In fast allen Kirchen, die ich besucht habe, gab es kein »Willkommen« für Jakobspilger mit einem geistlichen Zuspruch oder mit praktischen Hinweisen – nicht einmal einen Pilgerstempel. Drei Ausnahmen bestätigen die Regel. Einen Pilgerstempel habe ich vorgefunden zu Anfang in Maria Himmelfahrt in Bozen, (der war allerdings kaputt), auf halbem Weg in der Kirche St. Jakob in Thuins bei Sterzing und am Schluss im Dom St. Jakob in Innsbruck. Im Kloster Neustift müsste es auch einen geben, weil er in dem mir mit dem Informationsmaterial zugeschickten »Credencial del Peregrino« im ersten Feld bereits eingedruckt worden war. Bis auf die zwei weiteren Pilgerstempel blieben die restlichen Felder leer. Und so frage ich mich – genauso wie bei meinem Jakobsweg von Bonn nach Bingen im Sommer– auch am Ende dieses Weges: Ist eigentlich (noch) Jakobsweg drin, wo »Jakobsweg« draufsteht? Ist so mancher Jakobsweg noch »der wahre Jakob«?

Immer Etsch-aufwärts

Auf dem Südtiroler Jakobsweg von Bozen nach Müstair

Nach meiner Wanderung von Bozen über den Brenner-Pass nach Innsbruck im Herbst 2017 habe ich mich Anfang September 2018 wieder auf den Weg gemacht, um diesmal von Bozen (232 m) immer die Etsch aufwärts auf dem Südtiroler Jakobsweg über Meran durch den Vinschgau bis Glurns zu laufen. Von dort habe ich einen Abstecher auf den Reschenpass (1507 m) gemacht und bin dann in Mals auf den Jakobsweg zurückgekehrt, um bei Taufers über die Schweizer Grenze nach Graubünden hinein bis Müstair (1247 m) zu gehen. Das waren insgesamt rund 130 Kilometer in acht Wander/Tagen. Auch in diesem Jahr habe ich als Wanderführer das Buch von Peter Lindenthal »Jakobswege Südtirol« (Tyrolia Verlag, Innsbruck 2008) und als Wegbegleiter die Karte »Jakobsweg Südtirol« (Verein Jakobsweg Graubünden / Bildungshaus Kloster Neustift, o. J.) mitgenommen.

Viele Wege führen durch das Etschtal

...und gehen letztlich alle zurück auf die Via Claudia Augusta. Der römische Weg über den Reschenpass wird heute überlagert von der Reschenpass-Straße (SS 40) und von der Vinschgau-Bahn von Meran nach Mals. Zwischen beiden durch, mal am linken, mal am rechten Ufer der Etsch entlang, führt der Vinschgau-Radweg, der den Wanderer aus dem Tal verdrängt hat und den der Wanderführer – wenn überhaupt – nur als ultima ratio anbietet. An den Talhängen entlang verläuft ein dichtes Netz von rot/weiß-ausgeschilderten Wanderwegen, allerdings mit unterschiedlichen Schwierigkeitsgraden.

Weil in der Hanglage immer wieder zu Tal fließende Bäche gequert werden müssen, ergeben sich V-artige Wegeinschnitte mit steil ab- und aufsteigenden Serpentinenpfaden, die recht anstrengend sein können. Dagegen lassen sich die für den Vinschgau typischen Waalwege, die als Verbindungs- und Versorgungswege für die als Waale bezeichneten Bewässerungskanäle ohne große Steigungen angelegt worden sind, besonders bequem laufen. Und überall und nirgends taucht ein kleiner

Aufkleber mit der Jakobsmuschel auf und deklariert den jeweiligen Weg zum Südtiroler Jakobsweg: leider nicht immer konsequent und leicht zu übersehen.

Die akribischen Wegbeschreibungen im Wanderführer von Peter Lindenthal waren für mich vor Ort gelegentlich nicht nachvollziehbar und die mehrfach gefaltete, im ausgefalteten Zustand große Übersichtskarte erwies sich unterwegs als etwas unhandlich. Hinzu kommt noch, dass die Streckenführung im Führer und auf der Karte manchmal nicht übereinstimmte.

Also bin ich in der Regel »meinen« Weg gegangen nach der eher traditionellen Methode, die sich bewährt hat, aber bei vielen, vor allem jüngeren Wanderern in Vergessenheit geraten ist. Sie orientiert sich an den örtlichen Gegebenheiten und richtet sich nach der persönlichen Verfassung, nach Sicht (und ohne GPS) und nach Gefühl (und damit ohne

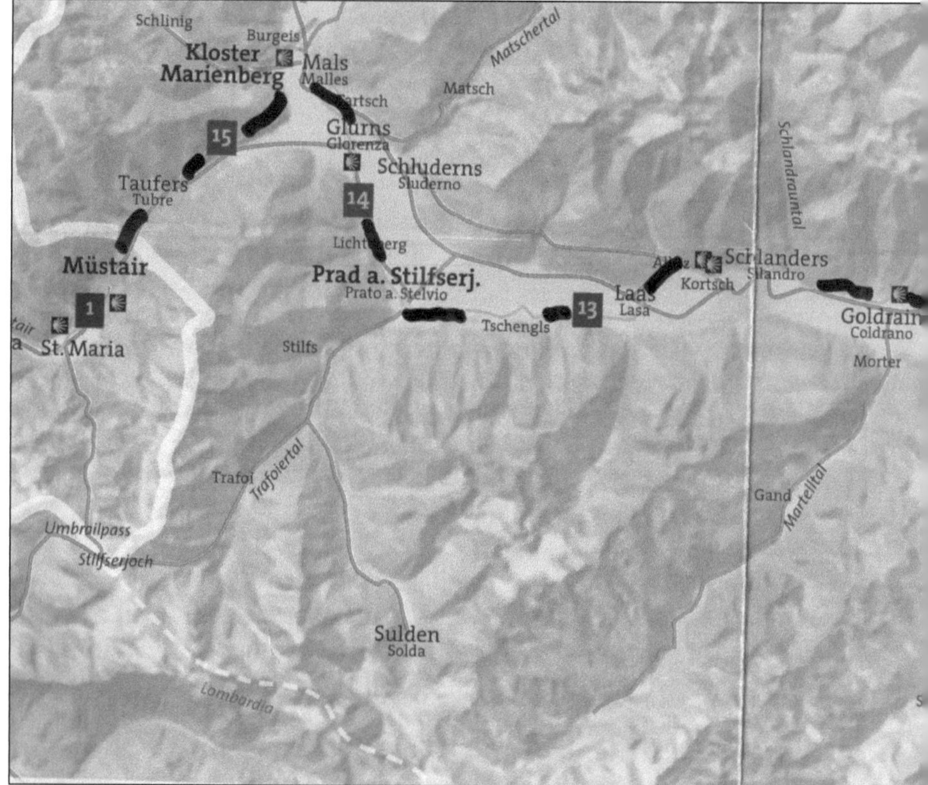

Gewähr). Das ist auch meistens gut gegangen: Natürlich habe ich mich auch mal verlaufen, musste mal einen ungewollten Umweg machen, bin auch einmal, als einer dieser rot/weiß markierten Wege mir zu steil und zu schmal wurde, einfach umgekehrt und gern ein Stück auf dem so bequemen Radweg gelaufen.

Dabei habe ich dann die interessante Erfahrung gemacht, dass die meisten Radfahrer auf dieser Strecke zwischen 60 und 80 Jahren alt sind, anscheinend lieber Etsch-abwärts fahren und damit mir entgegenkamen. Unterwegs waren sie in der Regel als Paare (der Mann vorweg, die Frau hinterher) oder in Gruppen, dicht hintereinander gestaffelt, immer mit dem Blick nach vorn. Und wenn der erste Fahrer mich als entgegenkommenden Wanderer sah, rief er laut »Achtung« und streckte wegweisend seinen Arm zu der Seite aus, an der sie an mir mit hohem Tempo vorbeifahren wollten. Dieser Ruf und diese Bewegung setzten sich slapstick-

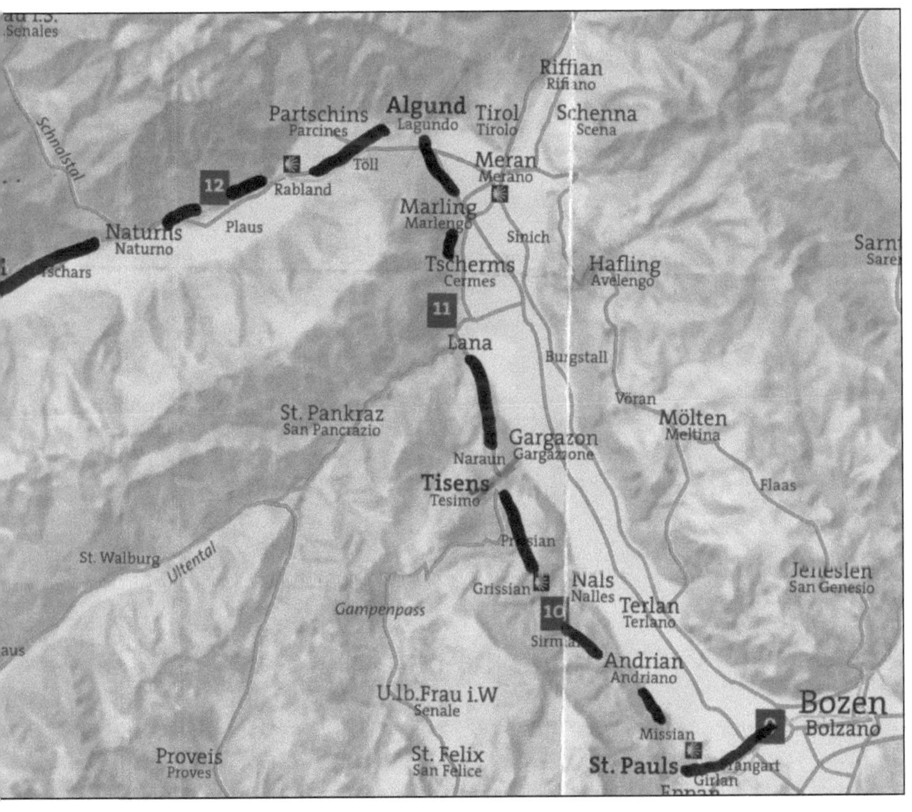

Auf der diesjährigen Wanderung »Immer Etsch-aufwärts« durch den Vinschgau

artig fort bis zum letzten Fahrer. Ein letzter Gruß und weg waren sie und der Weg gehörte wieder mir.

Gute Nacht (?) und Guten Appetit (!)

Standhaft weigere ich mich nach wie vor, bei meinen Wanderungen ein Zimmer vorweg zu buchen und bei dieser gab es auch keinen Grund dazu. Südtirol bietet selten viele und vielfältige Übernachtungsmöglichkeiten.

Typischer Wegweiser für die rot/weiß gekennzeichneten Wanderwege, z.B. für die Meraner Waalwegrunde, und mit der sehr kleinen, nicht ganz konsequent ausgezeichneten Jakobsweg-Muschel

Das Problem ist aber, dass alle Hotels, Gasthöfe und Pensionen in der ach so beliebten Herbstsaison so gut wie ausgebucht sind. So endete schon der erst Tag mit der für diese Wanderung typischen Herbergssuche. Das kleine Frangart bei Bozen hat mehrere Hotels, die relativ schnell und zu meiner Überraschung erfolglos abgelaufen waren.

Am Ausgangspunkt meines Rundgangs zurück, entdeckte ich dann eine kleine Pension. Die Wirtin öffnete mir die Tür mit einem amüsierten Lächeln, weil ich ja schon vor einer halben Stunde hier vorbeigelaufen sei. Dabei hätte sie doch ein und wohl auch das z.Z. einzig freie Zimmer, weil ein angemeldeter Gast einen Tag später kommen würde. Unter einer Radierung mit einem an Barlach erinnernden »Pilger« habe ich dann gut geschlafen.

Auf der Flucht vor einem sich nähernden Gewitter klingelte ich bei einer Pension am Ortsanfang von Tschengls. Natürlich war sie voll und ich solle weiterfahren nach Prad, – aber wie denn, – ohne Auto. Der Wirt hatte ein Einsehen und begann herumzutelefonieren. Nach mehreren Anrufen gab es dann ein wieder einmal zufällig noch freies Zimmer in einer schlichten Unterkunft am Schlossberg, ganz oben im Dorf. Weil es schon blitzte und donnerte, hat mich der Wirt schnell mit dem Auto hingefahren. Und mit den ersten Tropfen hatte ich dann wieder einmal ein Dach über dem Kopf.

Nach vergeblicher Suche in Glurns war der noble »Gasthof zur Post« meine letzte Hoffnung. Der jungen Dame an der Rezeption versuchte ich klar zu machen, dass ich in der Dunkelheit nicht weitergehen könne und darum unbedingt eine Bleibe brauche, – koste es, was es wolle. Das einzige, was sie noch hätten, wäre im Dachgeschoss des Neubaus ein Maisonette-Appartement mit sechs Betten, zwei Bädern usw. – zum Preis für 70,00 Euro pro Person. Die hinzugekommene Hotelbesitzerin ließ mich nicht lange multiplizieren: Da ich wohl ein »Pilger« und doch »nur eine Person« sei, bekäme ich »das Zimmer für 70,00 Euro«. So oder so ähnlich bin ich dann doch jede Nacht untergekommen und die Kosten lagen zwischen 35,00 Euro in der Pension in Frangart und 95,00 Euro im Hotel »Chavalatsch« beim Kloster in Müstair.

Mit dem Essen war es etwas einfacher: Das Frühstücksangebot war überall gut und reichlich und mittags gab es in der Regel ein belegtes Brötchen, ab und an ein gekochtes Ei oder ein Jogurt und natürlich immer etwas »Fall«Obst vom Wegesrand und frisches Wasser aus dem Brunnen. Abends habe ich dann die gute Südtiroler Küche genossen. In Kastellbell hatte man mir eine Halbpension für 79,00 Euro angeboten. Im fein eingedeckten Restaurant war ich diesmal »offizieller Gast« mit meinem Namen auf der vielversprechenden Menükarte: Vorweg frische Salate vom Buffet, als Zwischengang Spinatknödel auf Käsesauce, als Hauptgang Zwiebelrostbraten mit Röstkartoffeln und grünen Bohnen, hinterher Topfenklößchen mit Zimt und Zwetschgenmus.

So verwöhnt wollte ich auch in St. Valentin mal schnell im »Gasthof Lamm« zu Abend essen, aber ich kam erst gar nicht rein, weil alles voll war. Ich solle in einer Stunde wiederkommen. Als ich noch überlegte, ob ich das wolle, riet mir der Kellner, möglichst sofort einen Platz zu reservieren, damit ich überhaupt noch etwas zu Essen bekäme. Gesagt getan und das war gut so: Es gab eine würzige Kürbissuppe, ein saftiges Hirschgulasch mit Knödeln und Rotkraut, eine leckere Kugel Schokoladeneis und dazu (noch) ein Viertel Lagreiner. Und weil es so gut war und weil ich für meinen Abstecher zum Reschenpass noch eine Nacht länger blieb, habe ich beim Zahlen schon für den nächsten Abend wieder reservieren lassen.

Nach dem Gewitter in Tschengels gab es nur eine Möglichkeit zu Abend zu essen – aber was für eine! Im Burgrestaurant, in einem rustikalen Gewölbekeller mit dem Flair einer Künstlerkneipe habe ich einen Kaiserschmarren nach Art des Hauses bestellt: mit in Butter kandierten Palabirnen aus dem oberen Vinschgau und dazu ein Marillenmus und einen roten Hauswein aus dem Holzfass. Das war der – ganz subjektiv betrachtet bzw. genossen – absolute Höhepunkt. Da ich vorweg und hinterher (wie immer) Tagebuch geschrieben habe, fragte mich der Wirt beim Zahlen, ob ich Schriftsteller sei. Ich antwortete: »Nein. Ich schreibe nur.« Lachend erwiderte er: »Dann erzählen sie mal« und lud mich zu einem Absacker ein …

Viel Natur und noch mehr Kultur

Das Etschtal ist eine weite, offene, fruchtbare Tallandschaft. Auf der ebenen Talsohle, die früher einmal versumpft war, breiten sich heute die riesigen Apfelbaum-Plantagen aus mit endlosen Spalierobstreihen bis zum Horizont. Durchzogen von Bewässerungskanälen und schnurgeraden Asphaltwegen, die allerdings zur Erntezeit für Wanderer zum Teil gesperrt werden. An den leicht ansteigenden Talhängen wachsen die Weinstöcke und -reben hoch, am oberen Rand gesäumt von Nuss- und Kastanienbäumen. Und darüber beginnen dann die lichten Laub- und Lärchenwälder. Rote Äpfel, blaue Trauben, bunte Blätter und der Duft von überreifem Obst und immer wieder gewendetem Heu unter einem strahlend blauen Himmel – Pilgern im Paradies, allerdings bei hochsommerlichen Temperaturen.

Die Talebene steigt von Meran bis Mals in drei Stufen an: von Algund nach Töll von 355 Meter auf 508 Meter, von Goldrein nach Prad von 650 Meter auf 907 Meter und von Glurns nach St. Valentin von 908 Meter auf 1461 Meter. Danach eine Hochebene mit einer Wiesen- und Hochmoorlandschaft. Und dann oben auf dem Reschenpass mit einer Höhe von 1507 Metern der Blick zurück über den Reschen- und Haidersee hinweg nach Süden auf den Naturpark Stilfser Joch mit dem imponierenden, weil 3905 Meter hohen und bereits mit Schnee bedeckten Ortlermassiv.

In der weiten Etsch-Talebene die riesigen Apfelplantagen, an den Hängen die Weinberge und darüber die lichten Wälder

Im Etschtal und Vinschgau entwickelte sich im Lauf der Jahrtausende eine reiche Kulturlandschaft, eine vom Christentum geprägte, »sakral(isiert)e Landschaft«. Mit vielen Wegekreuzen und Heiligenhäuschen, Kapellen, Klöstern und Kirchen. Ganz gleich in welcher Zeit und in welchem Stil erbaut, ob langobardisch oder karolingisch, romanisch oder gotisch, (fast) alle sind (voll) ausgemalt mit farbigen Fresken: das Tal der Tiroler »bunten Kirchen«.

Auf den Höhen reiht sich eine Burg an die andere. Darunter trutzige Türme wie beim Schloss hoch über Kastelbell oder mächtige Festungs-

Der Vinschgau: Eine vom Christentum geprägte, durch die vielen Kirchen, Klöster und Kapellen sakral(isiert)e Kulturlandschaft

anlagen wie Schloss Siegmundskron bei Bozen, in dem sich heute das Messmer Montain Museum befindet.

Im Tal kleine malerische Dörfer wie Burgeis, die so gemütlich sind, dass man auf einer Bank vor den alten Bauerhäusern immer wieder einmal eine Wanderpause einlegt, oder mittelalterliche Städte wie Glurns, umgeben von einer (fast) geschlossenen Stadtmauer mit einer Reihe von Stadttoren, durch die man abends an der einen Seite hinein- und morgens an der anderen Seite heraus- und auf seinem Weg weitergeht. Oder wie die ehemalige, reiche Residenzstadt Meran, die sich durch den frühen Bädertourismus zu einem mondänen Kurort entwickelt hat, in dessen prächtig blühenden Kurpark der ansonsten zielstrebige Wanderer gern einmal (nur) spazieren geht.

Im Tal rustikale Dörfer wie Burgeis: mit malerischen Häusern und lauschigen Plätzen, die zur Rast einladen

Pilgerspuren und verschlossene Kirchentüren

Die Via Claudia Augusta wurde im Laufe der Jahrhunderte zu einem der wichtigen europäischen Nord/Süd-Verbindungs- und Verkehrswegen, zu einer Heer- und Handelsstraße. Nicht zuletzt auch zu einem der Pilgerwege in Richtung Rom, der südlich vom Reschenpass bei Laatsch gekreuzt wird von dem von Ost nach West verlaufenden Jakobsweg in Richtung Santiago de Compostela. Als Pilger/Spuren am Wege finden sich die Schutzpatrone der Reisenden und Pilger: Christophorus und Nikolaus.

Das St. Jakobskirchlein auf einer Felskuppe oberhalb von Grissian: nach steilem Aufstieg ein wunderschöner Anblick, aber kein Einblick, weil leider verschlossen

Als Weg/Heilige vereint z. B. in Meran an der Pfarrkirche St. Nikolaus mit einem »Riesen«-großen Christophorus an der Fassade. Auch kurz vor der Schweizer Grenze: am Ortseingang von Taufers erwartet den Wanderer ein im 13. Jahrhundert geschaffenes Christophorus-Fresko an der dem Weg zugewandten Seite des ehemaligen Pilgerhospizes St. Johann. Leider war die zweigeschossige Halle mit dem Schlafraum für Pilger in der Mittagszeit geschlossen. Dafür war im Ort die kleine Nikolauskapelle geöffnet und daneben gab es eine einladende Bank für die Mittagspause. Und danach habe ich dann auf einer alten Hausfassade an der Durchgangsstraße auch noch einen »Jakobus als Pilger« entdeckt: vereint mit den Heiligen Sebastian und Rochus um eine Maria mit Jesuskind.

Natürlich wollte ich auch die drei, an meinem Weg gelegenen Jakobskirchen besuchen und besichtigen. Die erste, 1142 geweihte Jakobskirche

Die wunderbaren Wandmalereien von St. Prokulus in Naturns: unter der großen Abendmahlszene ein amüsantes Detail, der berühmte »Schaukler«

oberhalb von Grissian steht stolz auf einer Felskuppe: nach einem etwas mühsamen Aufstieg auf über 1000 Meter ein wunderschöner Anblick. Umso größer war die Enttäuschung, wieder einmal vor verschlossenen Türen zu stehen.

Die zweite, spätgotische, etwas unscheinbare Jakobskirche mitten in Rabland, an der ich fast vorbei gelaufen wäre, war geöffnet, so dass ich mir auf dem Altarbild den Heiligen Jakobus anschauen konnte, dargestellt mit der seltenen Kombination von Pilgerstab und Schwert, mit dem er anscheinend der Heiligen Margarete hilft, einen Drachen zu töten. Die dritte, wohl älteste Jakobskirche in Tirol liegt in der Nähe von Glurns bei Söles äußerst anmutig in einem Wiesental, war aber auch wieder verschlossen. Einerseits ist es verständlich, dass diese meist einsam gelegenen Kirchen nicht unbeaufsichtigt zu jeder Zeit geöffnet sein können; andererseits ist und bleibt es für mich eine widersinnige Erfahrung, auf einem Jakobsweg eine Jakobskirche nicht »en passant« besuchen zu können.

Einige Erinnerungen, die bleiben

Der »Schaukler« von Naturns

Etwas abseits von der Ortsmitte steht in einer Apfelwiese eine der kleinsten, aber wohl auch bedeutendsten »bunten Kirchen«. Der einfache, bis in das 7. Jahrhundert zurückgehende, gotische Bau ist außen und innen fast vollständig ausgemalt mit Fresken, die z. T. aus gotischer, z. T. aber vielleicht sogar aus vorkarolingischer, langobardischer Zeit stammen und damit zu den ältesten Fresken im deutschsprachigen Raum gehören (könnten).

Trotz so mancher Beschädigungen, die an den Innenwänden bei der Freilegung und an den Außenwänden u. a. durch die Bewässerungsanlagen entstanden sind, ist der Gesamteindruck überwältigend. Bei aller Belehrsamkeit und Erzählfreudigkeit der biblischen Darstellungen ist mir eine kleine Szene auf der Südwand besonders in Erinnerung geblieben: Da schwingt sich in Comic-Manier ein Heiliger in einer Seil/Schaukel recht behänd von einer Stadtmauer. Bei diesem amüsanten Anblick habe ich gern den Gelehrten die Antwort überlassen auf die Frage, ob der »Schaukler« der Apostel Paulus auf seiner Flucht aus Damaskus ist oder der Kirchenpatron St. Prokulus auf seiner Flucht aus Verona sein soll.

Der »Ötzi-Mord« in Latsch

Nach dem Start in Kastelbell kam ich im allmählich erwachenden Latsch an drei Kirchen vorbei. Die Spitalkirche öffnete gerade ein morgenmürrischer Pfarrer, so dass ich mir den gotischen Flügelaltar von Jörg Lederer ansehen konnte. Im Weitergehen der Blick auf die Statue des Heiligen Jakobus am Westportal der Pfarrkirche und dann an der alten Landstraße ein Fresko mit dem Heiligen Nikolaus an der Fassade einer kleinen Kapelle. Vollkommen überraschend, weil im Wanderführer nicht angekündigt, war dann Innenraum der Nikolauskapelle, der erst 2017 zu einem kleinen, aber feinen Museum umgewandelten worden ist. Ausgestellt ist eine Altarplatte aus der Pfarrkirche, die sich bei Forschungsarbeiten als ein Menhir »entpuppte«.

Auf dem zwischen 2900 und 2500 v. Chr. geschaffenen und gestalteten »Latsch-Menhir« ist u. a. dargestellt, wie ein Bogenschütze mit einem

»Mordfall Ötzi?«: ein Bogenschütze als Nachzeichnung eines der Motive auf dem in St. Nikolaus in Latsch ausgestellten Menhir

Pfeil von hinten auf einen Menschen schießt. In dem Begleittext interpretieren die Wissenschaftler diese Szene als einen Beleg für einen möglichen »Mord an Ötzi«, der einige Jahrhunderte früher in dieser Gegend gelebt hat und durch die Verletzung mit einem Pfeil umgekommen ist. Diese überraschende Entdeckung macht die Ötzi-Geschichte zu einem spannenden Krimi.

Highnoon im Kloster Marienberg

Wie der Name schon sagt liegt das aus dem 12. Jahrhundert stammende Kloster hoch oben auf einem Berg und macht es zur höchstgelegenen Benediktinerabtei in Europa. Dem entsprechend war der Aufstieg auf dem die Serpentinenstraße immer wieder querenden Pfad in der Mittagszeit recht schweißtreibend.

Nach einer letzten Treppe betrat ich durch die Klosterpforte genau zum 12-Uhr-Läuten den weiten, nach hinten sich trapezförmig verengenden Innenhof. Nach der 2015 abgeschlossenen Sanierung erstrahlen alle Abteigebäude in einem erst blendenden, dann makellosen Weiß unter einem stahlblauen Himmel und unter einer hochstehenden Mittagssonne. Im schmalen Schatten einer Seitenwand habe ich mich neben einem

Strahlend weiß unter der Mittagssonne das Kloster Marienberg, die höchstgelegene Benediktinerabtei in Europa

Brunnen niedergelassen und erst einmal von dem frischen Wasser getrunken.

Dann stellte ich fest, dass ich ganz allein und dass es ganz still war. Nach einer Zeit von Zeitlosigkeit und Unwirklichkeit tat sich was: Auf der rechten Seite trat ein Benediktinermönch aus dem Portal der Kirche, durchquerte diagonal zunächst als kleine, dann immer größer werdende, schwarze Gestalt den weißen Innenhof und verschwand – nach einem kurzen, einen Gruß andeutenden Kopfnicken in meine Richtung – an der linken Seite in dem Museumsshop mit der Aufschrift »Ora et labora«. Dann flutete eine Reisegruppe den Hof und beendete abrupt diese klösterliche Fata Morgana, an die mich der Klosterstempel in meinem Pilgerpass immer erinnern wird. (Die wegen ihrer Leuchtkraft hochgelobten Fresken habe ich leider nicht gesehen, weil die Krypta nur zum abendlichen Stundengebet geöffnet wird).

Der Turm der im Reschensee versunkenen Kirche St. Katharina in Graun: ein beliebtes Fotomotiv als »Memento mori«

Auszeit am Reschensee

Wie schon erwähnt, hatte ich mich entschlossen, einen Abstecher zum Reschenpass zu machen und damit Etsch-aufwärts fast bis zu ihren Quellen zu gehen. Ich hatte also in St. Valentin ein Zimmer für zwei Nächte gemietet und eine Auszeit genommen, um einmal ohne Rucksack ganz unbeschwert auf dem Uferweg den ganzen Reschensee in aller Ruhe zu umrunden. Bei klarer Sicht und bei wechselndem Sonnenlicht setzte sich aus den ständig sich verändernden Aussichten im Ver»lauf« des Tages ein grandioses 360°-Alpen-Panorama zusammen. Und als ich wieder ein-

Am Ziel meiner Wanderung angekommen: das Kloster St. Johann in Müstair, seit 1983 UNESCO-Weltkulturerbe

mal um eine Kurve kam, stand er auf einmal vor mir: Aus der spiegelglatten Wasserfläche ragt der Turm der durch die Stauung des Sees im Jahre 1950 im See versenkten Kirche St. Katharina von Graun. In der allmählichen Annäherung hat sich dieses viel fotografierte Motiv mir eingeprägt als ein »Memento mori« mitten in einer ansonsten so heiteren Idylle.

Liebe auf dem zweiten Blick

Krönender Abschluss der diesjährigen Wanderung auf Jakobswegen durch Südtirol sollte das bereits 1983 zum Weltkulturerbe ernannte Kloster St. Johann in Müstair sein. Voller Erwartungen wechselte ich an der Schweizer Grenze von Südtirol nach Graubünden, wanderte durch das Münstertal und erreichte am Spätnachmittag Müstair. Nachdem ich im Hotel mit dem kryptischen Namen »Chavalatsch« wieder einmal und zum

In der Klosterkirche von St. Johann in Müstair: nur ein kleiner Ausschnitt aus dem über hundert biblischen Szenen umfassenden Freskenzyklus, daneben Karl der Große als Gründer des Klosters

letzten Mal das letzte noch freie Zimmer bekommen hatte, habe ich auf der Terrasse erst einmal ein Weißbier getrunken und dabei die direkt unter mir liegende, in 13 Jahrhunderten gewachsene Klosteranlage auf mich wirken lassen.
Und das war ein Fehler: Als ich endlich in die Klosterkirche kam, verschwamm und verschwand einer der größten Zyklen mit karolingischen und romanischen Wandmalereien braun in Grau in der Abenddämmerung. Und von dem Chorgebet der Benediktinerinnen hoch oben in der Nonnenempore war auch nur der Gesang zu hören.

Am anderen Morgen bin ich dann früh aufgestanden und wieder zum Kloster gegangen. Und da stand ich mitten in der Kirche und war umgeben von diesen den ganzen Raum füllenden, bis an die Gewölbe reichen-

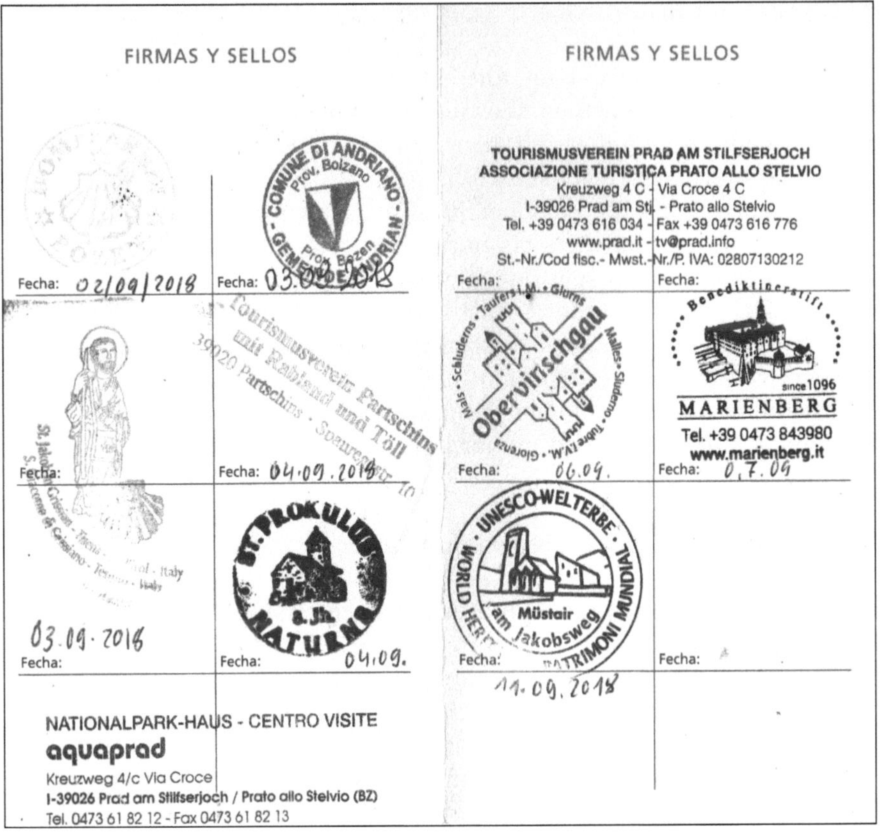

Mein Pilgerpass auf der Wanderung von Bozen nach Müstair

den, erst im 20. Jahrhundert frei gelegten Wandmalereien aus der ersten Hälfte des 9. Jahrhunderts: In einem strengen Raster neben und übereinander angeordnet fast hundert lebendige Szenen aus dem Alten und Neuen Testament, zusammengefasst in ikonografischen Bildzyklen. Und mitten drin als älteste monumentale Stuckstatue Karl der Große, der das Kloster gegründet haben soll. Die Zeit reichte nur für einen ersten, aber bleibenden Gesamteindruck.

Rückfahrt mit Rückblick

Die Rückfahrt war zwar lang, aber abwechslungsreich: Von Müstair bin ich mit dem gelben Postbus über den 2149 Meter hohen Ofenpass nach Zerenz gefahren. Von dort mit der roten Rhätischen Bahn über Sagliains und Landquart am Zürichsee entlang bis Zürich. Von dort weiter mit einem grauen IC am Rheinfall bei Schaffhausen vorbei nach Stuttgart und letztlich den Rhein abwärts bis nach Bonn. Während der Rückfahrt der Blick zurück auf eine insgesamt sehr gute, an Erlebnissen reiche Wanderwoche in einer an Wundern vollen Natur- und Kultur-Landschaft. Mit einigen Irritationen bei der »Muschel«-Suche, momentanen Enttäuschungen vor verschlossenen Kirchentüren und allabendlichem Übernachtungsroulette nach dem (leicht abgewandelte) rheinischen, Motto: »Et kütt wie et kütt und is doch immer jot jejange!«.

Gute Aussichten: Noch einmal Santiago

Im Frühjahr 2019 wird meine Frau zu einer internationalen Tagung nach Santiago de Compostela reisen, wo wir vor 20 Jahren, im Heiligen Jahr 1999, am Fest des Heiligen Jakobus teilgenommen und womit dann meine Wanderungen auf Jakobswegen begonnen haben. Ein guter Grund, endlich den Camino Português von Porto nach Santiago zu gehen und dann in der Semana Santa in Santiago dieses Jubiläum gemeinsam zu feiern …

Auf dem Caminho Português von Porto nach Santiago de Compostela

20 Jahre Santiago

»*Vor 40 Jahren: Auf dem französischen Jakobsweg von Le Puy nach Conques*« war das Titel-Thema der Kalebasse Nr. 66, erschienen im August 2019. Und im Vorwort zum 40-Jährigen der nach dieser Wanderung gegründeten St.-Jakobus-Bruderschaft Düsseldorf berichtet ihr erster und bis heute »amtierender« Vorsitzender Prof. Dr. Gerd Gellißen von seiner in der »Zeit« dokumentierten Pilger-Radtour von Köln nach Santiago de Compestela bereits im Jahre 1978. Was sind da schon »20 Jahre Santiago«? Immerhin die Hälfte und für mich (nicht nur zeitlich) ein Viertel meines bisherigen Lebens/Weges und ein guter Grund für diesen Bericht über meinen »Caminho Português von Porto nach Santiago de Compostela« im Frühjahr 2019.

Wieder einmal war der Auslöser eine Einladung an meine Frau zu einem Kongress, diesmal von der ICOM (International Council Of Museums) im April 2019 nach Santiago de Compostela. Damit bot sich uns ganz unverhofft die Möglichkeit, unseren ersten Santiago-Besuch im Heiligen Jahr 1999 nach 20 Jahre in Santiago zu feiern. Während meine Frau direkt dorthin geflogen ist, wollte ich »standesgemäß« zu Fuß ankommen und so bin ich vorweg nach Porto geflogen und von dort auf dem Caminho Potuguês nach Santiago de Compestela gewandert. Im Gegensatz zu den jüngeren WeggefährtInnen mit dem iPhone in der Hand hatte ich ganz altmodisch den Outdoor-Führer »Caminho Português« in der 11. überarbeiteten Auflage von 2018 im Rucksack und immer die Muschel im Blick. Ich habe nicht den Küstenweg genommen, sondern den klassischen Weg parallel zur Küste im Landesinneren – immer nach Norden. Am 3. April bin ich in Porto aufgebrochen und am 13. April in Santiago de Compostela angekommen. Dieser Caminho Português ist (nur) 240 Kilometer lang, davon 120 km in Portugal und 120 km in Spanien.

Der Caminho Português: 240 km von Porto nach Santiago des Compostela (Ausschnitt aus der Karte im Pilgerpass)

Der Start in Porto

Ausgangspunkt war der »*Portus cale*«, der »schöne Hafen«, das heutige Porto – nach Lissabon die größte, bedeutendste und attraktivste Stadt Portugals. Gewohnt habe ich im Schatten mitten in der Stadt am »*Praça da Lisboa*« in der »*Pension Franca*« mit Blick auf die im 18. Jahrhundert erbauten Karmeliter-Kirche mit ihren 1929 erzählfreudig gemalten Heiligen Geschichten auf den landestypischen weiß/blauen Fliesen-Fassaden: Portugal pur. Zum Eingewöhnen zwei Tage »Vorlauf« mit Spaziergängen durch die Altstadtstraßen zu beiden Seiten des Douro, vorbei an vielen und vielfältigen Sehenswürdigkeiten. Unübersehbar über der Stadt und Hauptanziehungspunkt die Kathedrale: außen massive Romanik, innen

Die romanische Kathedrale von Porto: Wahrzeichen der Stadt und Ausgangspunkt meiner Caminho-Wanderung (Alle Fotos: Winand Kerkhoff)

überbordender Barock. Der gotischer Kreuzgang ein Raum der Stille, der geeignete Ort, für eine stille Einkehr vor dem Aufbruch zum Caminho. Vor der Kathedrale weist eine erste Muschel mit gelbem Richtungspfeil den Weg, der bestens ausgeschildert und damit – auch ohne Pilger-Navi – problemlose zu laufen ist.

Der Weg, das Wetter und das Wasser

Bis vor ein paar Jahren war der Caminho aus Porto raus ein langwieriger und langweiliger Weg durch die endlosen Vororte, Industrie- und Gewerbegebiete. Durch den Bau von Stegen zwischen Ufer und Straße wurde

Der neue Steg zwischen Douro-Ufer und Ausfallstraße: im Wortsinn nun ein »Bom Caminho« (= guter Weg)

daraus nun ein wirklicher *»Bom Caminho«*, ein guter, weil angenehmer Weg.

Der Caminho verläuft am Ufer des Douro entlang, zunächst nach Westen, in Richtung Atlantikküste. Nach der Duoro-Mündung geht es dann immer nordwärts, in Richtung Santiago. Die ersten zwei Tage noch an der Küste entlang und zunächst bei schönstem Sonnenschein, aber kräftiger Meeresbrise. Dann wechselte ich auf die klassische Route im Landesinneren, die zurückgeht auf die *»Via Romana XIX Mihla XXXV«*, eine »römische Straße«, die heute von der Autobahn belegt ist. Mal links,

»Muschel«-Brücke in Pontevedra

mal rechts und fast immer außer Sicht- und Hörweite der alten Römer/ Straße und heutigen Auto/Bahn verläuft seit Jahrhunderten bis heute der *»Caminho Santiago«*, der Jakobsweg. Als solcher mit Muscheln und Pfeilen bestens ausgeschildert.

Der Weg wird gequert von vielen Flüssen, die in den Atlantik münden. Entsprechend gibt es viele Brücken, die dann z. T. den Orten den Namen gegeben habe, wie z. B. die Brücke über die Lima in Ponte de Lima. Oder die Brücke in Pontevedra, was ja nichts anderes bedeutet als *»alte Brücke«*, die – ganz im Sinne der jahrhundertelangen Pilgertradition – mit Muscheln geschmückt ist. Und auf dem Weg immer wieder kleine, bis auf die Römer zurückgehende Flussübergänge, die – unabhängig von ihrem Alter – einfach als *»römische Brücken«* bezeichnet werden.

Es geht nicht ganz ohne Straßen, was mir nichts ausmacht. Aber eine Straße hinter der spanischen Grenze ist berüchtigt und war ganz schön heftig. Sie geht, besser gesagt, man geht fast 5 km durch die Industrie- und Gewerbegebiete von O Porriño, davon 2,6 km endlos geradeaus, erst runter, dann wieder rauf. Es gibt neuerdings eine Variante auf einer alten Pilger-Route, die ich aber verpasst habe. Dumm gelaufen. Gott sei Dank war es fast kühl, bei Sommerhitze muss das der absolute Horror sein. Geradezu rührend wirkt der auf halber Strecke von einem Pharma-Unternehmen am Werkstor eingerichtete, überdachte Rastplatz mit spartanischer Ausruh-Bank und frischem Trink-Wasser. Es waren nur fünf von 240 Kilometern und damit schnell vergessen. Ansonsten sind es gut gehbare Wege durch eine in die Länge gezogene, offene Hügellandschaft mit lichten Wäldern und weiten Wiesen und Feldern. Bei Höhen bis gerade mal 300 m gibt es fast nur gemächliche Auf- und Abstiege mit wenigen, nicht erwähnenswerten Höhenmetern am Tag und darum unanstrengend und problemlos. Von einigen, kürzeren Ausnahmen abgesehen: so z.B. der am Ende eines langen Wandertages etwas mühsame Treppen-Aufstieg, der nicht enden wollte, oder eine kurze, aber steil abfallende Geröll-Strecke, auf der ich meine Stöcke gut gebrauchen konnte. Oder eine fast knietief überflutete Unterführung, die nicht zu umgehen war.

Von den ersten zwei Küsten-Tagen abgesehen, war das Wetter kalt und nass: hat es jeden Tag geregnet – aber nicht den ganzen Tag. Der stetige, zum Teil heftige Regen hat manchen Weg so unter Wasser gesetzt, dass er zum Bach wurde und nur mit nicht ganz so lustigen von Stein zu Stein-Springen passierbar war, wo ich gern auf eine helfende Hand gewartet habe.

Wegweiser und Jakobsspuren

Der ganze Weg war gut ausgeschildert (was viele, vor allem Jüngere nicht davon abhielt, *»nach Navi«* zu laufen). Typische Wegweiser sind die galicischen Granit-Stelen mit der gelben Muschel auf blauem Grund, die allerdings an und für sich andersherum ausgerichtet sein müsste, weil alle Wege nach Santiago führen sollten. Entscheidend und darum wegweisend ist immer der gelbe Pfeil und der ist auch vollkommen ausreichend, wenn er an Wegkreuzungen gut sichtbar angebracht ist.

Eine Besonderheit bei diesem Jakobsweg ist die doppelte, gegenläufige Auszeichnung des Weges: Richtung Norden gelb gekennzeichnet in Portugal als *»Caminho Portugués«*, in Spanien als *»Caminho de Santiago«*. In Richtung Süden durchgehend blau als *»Caminho de Fatima«*.

Der »doppelläufige« Weg: nach Norden als Caminho de Santiago«, nach Süden als »Caminho de Fátima«

Aber der Weg schien eine »Einbahnstraße« für die Pilger nach Santiago zu sein, ohne »Gegenverkehr« von Wallfahrern nach Fatima. Aber auch die Zahl derer, die nach Santiago unterwegs waren, war wegen der frühen Jahreszeit und trotz der nahenden Kar- und Osterwoche noch gut zähl- und überschaubar. Ob das alles Pilger waren, ist schwer zu sagen. Aber der die Autofahrer warnende Hinweis *»Zona de Transito de Peregrinos«* war beim Queren der Straßen immer sehr hilfreich. Weniger hilfreich und zielführend war manchmal die chaotische Ansammlung von Hinweisschildern und Anschlägen, wie z.B. an der *»Porta do Camino«* auf dem Weg in die historische Altstadt von Santiago.

Auf dem *»Caminho de Santiago«* begegnet man am Wegesrand immer wieder einmal auch dem Santiago, dem Heiligen Jakobus: mal gemalt auf einem landestypischen Fliesen/Bild in einem religiösen Mal bei Facha. Mal in oder aus Stein gehauen: als überlebensgroße Silhouette oder als monomentale Skulptur bei Ponte de Lima. Oder gleich mehrfach abgebildet an einem Treppenaufgang vor O Porriño mit einer Ansicht der be-

Santiago am Wegesrand: gleich mehrfach in einer »Gemälde-Galerie« an einem Treppenaufgang bei O Porriño

rühmten *»Porta de la Gloria«*. die wie eine *»Fata morgana«* wirkt, weil die Kathedrale in Santiago noch 110 Kilometer entfernt ist.

Aber Vorsicht: Nicht alles, was auf dem ersten Blick wie Jakobus aussieht ist auch einer. Die Skulptur in der Giebelnische einer Kirche vor Caldas de Reis ist ein als Pilger dargestellter Heiliger Rochus, als solcher identifizierbar mit dem Hirtenhund an seiner Seite und dem Anheben seines Pilgerkleides, um auf seine Pestwunden zu verweisen, die ihn zum Schutzpatron gegen Seuchen und zu einem der Heiligen 14 Nothelfer gemacht haben, (ohne dass er jemals als Heiliger offiziell kanonisiert worden ist).

An einer Dorfkirche nach Calas de Reis machte ich eine signifikante und zugleich amüsante Entdeckung: An einer senkrechten, oben in einem Bogen abgeknickten Elektroleitung hängt eine kleine Kalebasse und konvertiert damit das Stromkabel zu einem Pilgerstab. Das ist nicht nur witzig, sondern gibt dem Weg auch seinen Sinn – wenn es denn der Pilger sieht und erkennt. Ein Beispiel dafür, nicht zu hasten, sondern mit Muße zu gehen und um sich zu schauen.

Hinzu kommen noch die vielen Jakobsweg-Muscheln am Wegesrand als unübersehbare Hinweise auf mehr oder weniger nah liegende Möglichkeiten zu übernachten, etwas zu essen und/oder zu trinken. Einladend und appetitanregend.

Essen und Trinken

Nicht in allen Unterkünften gab es einen so opulentes Frühstück wie in der von einem deutschen, pensionierten Lehrer-Ehepaar geführten Herberge »*Quinta das Leiras*« in Rubiães, für das es sich lohnt, sich Zeit zu nehmen, um es in aller Ruhe zu genießen.

Normalerweise habe ich mich morgens erst einmal auf den Weg gemacht und dann in der ersten geöffneten Bar einen »Café con leche« getrunken und ein Croissant gegessen, mal allein direkt an der Atlantikküste, mal mit Frühaufstehern in der Dorfbar oder unterwegs an einem der Stände, wo man nicht nur Souvenirs, sondern auch etwas zu essen und zu trinken kaufen konnte. An einem gab es sogar leckere Croissants in Pilger-adäquater Muschel-Form.

Und wenn dann an den seltenen Tagen ohne Regen auch noch die Sonne schien, kehrte ich in der Mittagszeit umso lieber und länger ein, ließ mir Zeit für eine Siesta, aß ein paar Tapas und erlaubte mit sogar einen Vinho Verde draußen auf der Terrasse oder im Garten, sonnte mich, machte ein Nickerchen oder kam ins Gespräch mit Leuten, die ich bisher nur vom Sehen kannte.

Abends war ich dann natürlich richtig hungrig, musste mich aber noch gedulden, weil die Südländer bekanntlich erst nach 21:00 Uhr, dann aber sehr ausführlich zu Abend essen. Manche Restaurants boten auch immer einmal ein Pilger-Menü an, das dann schon ab 19:00 Uhr – heimisch-deftig und lecker und für nur acht bis zehn Euro. Dazu bestellte ich mir gern als Aperitif eine Sangria mit Zitrusfrüchten in mehr Wein als Fruchtsaft und etwas Weinbrand und als Absacker natürlich einen Portwein, nicht nur weil er gut schmeckt, sondern auch im Abgang wunderbar wärmt. Und das war wohl-tuend, weil fast allen Ess- und Schlafräumen ziemlich klamm und kalt waren.

Freiluft-Frühstück in der Morgensonne an der Atlantikküste zwischen Porto und Villa do Conde.

Unterkünfte aller Art

Übernachten ist eine Frage der Gewohnheiten und der Gelegenheiten. Wenn ich wandere, reserviere ich nie vorweg, sondern lasse mir die Freiheit, dann und dort zu entscheiden, wo und wie ich übernachten will bzw. kann.

Meine Methode ist natürlich etwas riskant. So war die im Wanderführer wärmstens empfohlene »*Casa Maruja*« in Pontevedra »*ocupado*«, u. a. weil drei MitwanderInnen schon am Morgen per iPhone für sich Zimmer reserviert hatten. Kein Problem, weil es nebenan »*Habitaciones*«, sprich Zimmer gab und auch eines für mich: nicht so komfortabel, aber ganz gemütlich. Also im Bad über den Gang geduscht und gewaschen, die Wäsche provisorisch zum Trocknen ins Fenster gehängt, auf dem breiten Bett bis zum Essen ausgeruht, Tagebuch geschrieben und den kommenden Tag mit dem Wanderführer etwas vorgeplant. Leider nicht in aller Ruhe, weil nebenan das Baby schrie.

In der Pilger-Herberge in Redondela: Schlafkojen mit Doppelstockbetten, aber mit Waschmaschinen-Service

Die romantisch aussehende *»Casa Fernanda«* bei Navio gehört – im Wortsinn – zu den Kultherbergen auf dem Caminho Portugués. Sie liegt direkt am Wege, kam aber für mich nicht in Frage, weil ich mich in dieser angeblich *»authentischen Atmosphäre«* nicht wohl fühlen würde. Dann schon eher eines der Plastik-Häuschen auf dem Campingplatz in Lavra: ganz allein für mich, aber nachts (sau)kalt und darum nach dem Aufstehen ungewaschen nichts wie weg.

Auch nicht jedermanns Sache sind Pilgerherbergen mit Schlafsälen und Kojen mit Doppelstockbetten wie in Redondela. Aber man kann eine ganze Koje für sich mieten, mit Bettwäsche und Handtuch und Waschmaschine für insgesamt 25 Euro.

Oder ein kleines Hostal in Tui: mit sechs Betten in einem Raum, von dem aber nur drei belegt waren. Alles ganz neu, auch die Bäder. Ganz zeitgemäß mit eigener Steckdose am Bett zum Aufladen des iPhone und mit Wlan für den Kontakt zur Welt. Interessanter sind aber die persönlichen Gespräche, die sich auf engem Raum fast zwangsläufig ergeben.

Die »Casa Matteos« in Rates: mein Mini-Parador mit einem gemütlichen, warmen Zimmer und überraschenden »Zimmer-Service«

Geradezu ideal war das Guesthouse in Barcelos. In einem Stadthaus hinter einer historischen Fliesenfassade ein modernes Hostal mit geschmackvoll eingerichteten Zimmern und perfekten Bädern, die sogar geheizt waren. Und unter dem Dach in einer Art Penthouse ein gemütlicher, ebenfalls geheizter Aufenthaltsraum mit toller Aussicht. Für nur 35 Euro inklusive Frühstück.

Meine beste Nacht verbrachte ich aber nach dem zweiten Tag in der *»Casa Matteos«* in Rates. Es begann nicht vielversprechend. Ich stand im strömenden Regen vor einem riesigen Tor, das erst nach dem dritten Klingeln von einem alten Mann grußlos geöffnet wurde. Er führte mich sprachlos durch einen kleinen Zitronengarten in ein altes Bürgerhaus, direkt in ein etwas altmodisch, aber gediegen eingerichtetes Doppelzimmer mit Bad.

So etwas wie ein Mini-Parador mit liebenswürdigen, alten Wirtsleuten, die dann versuchten, sich mit dem iPhone über ein Deutsch-Spanisch-Übersetzungsprogramm mit mir zu verständigen.

Der Blick (bei einem Glas Portwein) über den Douro auf die Ribeira, Portos historische Altstadt in der Abendsonne. (Foto: Winand Kerkhoff)

Und als am Abend aus heiterem Himmel ein Platzregen mit Hagelkörnern auf Haus und Garten niederging und es unmöglich machte, in das empfohlene Restaurant zu gehen, machte die Wirtin mir einfach ein paar belegte Brötchen und der Wirt holte eine wohltemperierte Flasche Rotwein. Und als ich mir das alles dem Milieu entsprechend in meinem Zimmer stilvoll hergerichtet hatte, brachte der Wirt noch einen elektrischen Heizofen zum Aufwärmen.

Nach dem Rotwein habe ich wunderbar geschlafen und am nächsten Morgen natürlich auch noch im Haus gefrühstückt. Das Zimmer mit Frühstück kostete 35,00 Euro. Und dass die netten Wirtsleute für das improvisierte Abendessen nichts haben wollten, habe ich akzeptiert, weil ich das Gefühl hatte, sie sonst zu beleidigen. Beim Abschied habe ich mich – auch ohne iPhone-Übersetzungshilfe – besonders herzlich zu bedankt.

Stationen und Impressionen

Porto

Vorweg, d.h. vor dem Weg, habe ich mir zwei Tage Zeit genommen, um wenigstens in etwa einen Eindruck von dieser an Kultur und Geschichte so reichen Stadt zu bekommen.

Natürlich gehörten dazu:

Ein Besuch in der Kathedrale mit dem Museum im Kreuzgang und dem ersten Stempel im Pilgerpass. Die Besteigung des 75 m hohen Turms der Kirche von *»Dos Clèrigos«* mit einem großartigen Blick auf das Stadtpanorama. Ein kurzer Abstecher in die Eingangshalle des Hauptbahnhofs

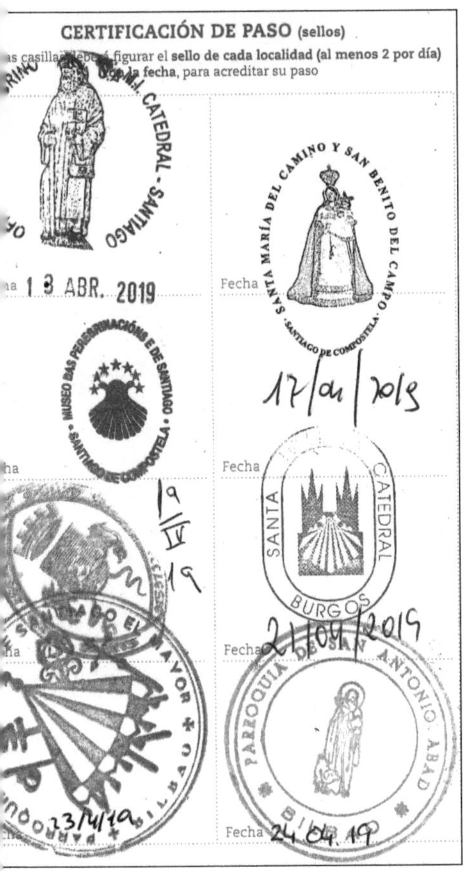

Die Stempel in meinem Pilgerausweis als »Beleg« für meine Wander-Etappen und Weg-Stationen

»*Porto São Bento*« wegen der sehenswerten »*Azuleos*«, den typisch portugiesisch, blauweißen Fliesenbildern.

Eine muntere Fahrt mit der berühmten und beliebten »*Elèctrio*«-Straßenbahn durch die lebendigen Gassen zu den »Cais da Ribeira« und die Überquerung des Douros auf der doppelstöckigen »*Ponte de D.Luis I.*« hinüber zur Altstadt auf dem gegenüber liegenden Ufer, an dem die alten Schiffe liegen mit den Fässern für den weltbekannten Wein aus Porto, dem »*Portwein*«, von dem ich ein Glas auf der »*Sandeman*«-Terrasse getrunken und dabei die Aussicht auf die historische Altstadt in der Abendsonne genossen und dadurch die letzte Fähre über den Douro verpasst habe.

In Barcelos: Der »legendäre« bunte Hahn vor der barocken Kirche Bom Jesus da Cruz

Barcelos

Eingangs – direkt hinter der historischen Brücke – beeindrucken der *»Palast dos Condes«* und die mächtige, romanische *»Igreja Matriz«*, die Mutter- und Hauptkirche, und mitten in der Stadt die barocke Kirche *»Bom Jesus«* mit großartigen, weißblauen Fliesen-Bildern an den Wänden im Inneren. Davor der berühmte, bunte Hahn von Barcelos mit einer Legende, die mich an das Hühnerwunder in Santo Domingo de la Calzada auf dem Camino Francés in Spanien erinnerte.

Ponte de Lima

Blickfang ist die mittelalterliche Brücke, die *»Ponte Veha«*, immerhin 277 Meter lang und vier Meter breit, genau an der Stelle, wo die Römerstraße von Braga nach Astorga in einer Furt den Fluss Lima querte. In

In Ponte de Lima: die auf einen römischen Flussübergang zurückgehende, mittelalterliche Brücke über die Lima (Foto: Winand Kerkhoff)

der historischen Altstadt die romanische *»Igreja Martiz«* mit einem violettfarbenen Leuchtbild vom Kreuz tragenden Christus als Ankündigung für die kommende *»Semana Santa«*, die Karwoche. Am Ausgang der Stadt die *»Capela do Anjo da Guarda«*, die barocke Kirche des Schutzengels, der die Pilger auf ihrem weiteren Weg begleiten soll.

Grenzfluss Minho/Miño

Der Minho (portugiesisch) bzw. Miño (spanisch und galicisch) bildet in seinem Unterlauf die Grenze zwischen Portugal und Spanien, den zwei Nationalstaaten der iberischen Halbinsel. In der Mitte der Internationalen Brücke über den Fluss geht auf halber Strecke der Caminho Português nahtlos über in den Camino de Santiago: Fast *»82 000 Peregrinos«* sind im Jahre 2018 auf der Brücke über den Valença weiter nach Santia-

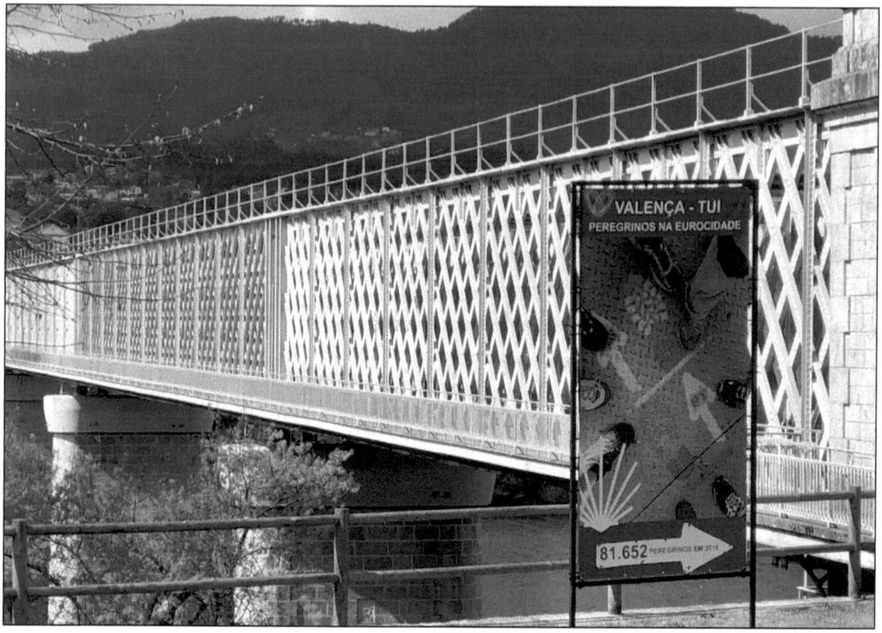
VALENÇA - TUI
PEREGRINOS NA EUROCIDADE
81.652

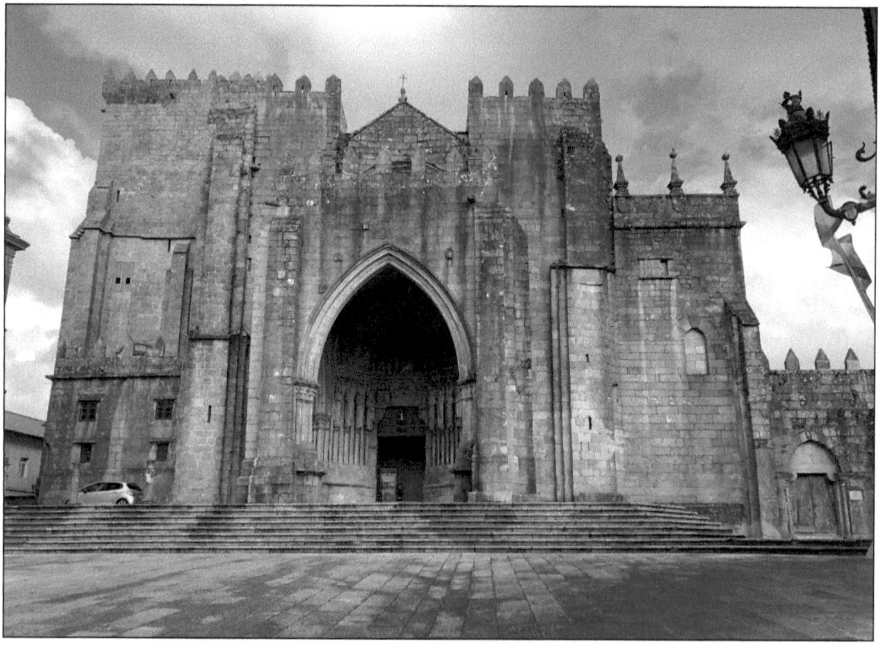

go gegangen und bei meinem Gang durch den Eisengitter-Tunnel dieser doppelstöckigen Brücke bin ich für die Zählung im Jahre 2019 bestimmt miterfasst worden.

Tui

Die erste spanische Stadt am portugiesischen Jakobsweg ist seit Jahrhunderten ein Handels- und Verwaltungszentrum, ein Militärstützpunkt und ein Bischofssitz und heute ein beliebter Ausgangspunkt für spanische Santiago-Pilger. Wie eine Burg steht auf dem höchsten Punkt der Stadt die romanische Kathedrale: hinter der geschlossenen, fast abweisenden Fassade öffnet sich eine friedvolle Basilika mit einem bezaubernden, gotischen Kreuzgang, in dem ich eine spirituelle Siesta gehalten und erst danach mich auf Herbergssuche gemacht habe.

Pontevedra

Mitten in der Stadt befindet sich eine besonders gestaltete Wallfahrtskirche mit einem außergewöhnlichen Patronat. Das auf dem Grundriss einer Muschel erbaute Sanktuarium ist der »*Virxe Peregrina*« geweiht. Die auch heute noch hoch verehrte, jungfräuliche Pilgerin steht in einer Muschel/Nische hoch oben im Gesims der barocken Fassade – direkt neben Santiago als dem Patron aller Pilger. In der Kirche führt eine Treppe hinauf zum Rundgang in der Kuppel, wo die in den Farben des Kirchenjahres wechselnden Kleider der Peregrina ausgestellt sind.

Caldas de Reis

Der unspektakuläre Badeort ist bekannt wegen seiner Thermalquellen, die schon die Römer genutzt haben. Es gibt auch heute noch ein Bad mit einem anmutigen Jugendstil-Interieur und an der Uferpromenade eine öffentliche Kneipp-Anlage: jederzeit und für jeden zugänglich, auch für Erholung suchende Wanderer und Pilger. Nach dieser Kurzkur habe ich dann auf der schon dämmrigen Restaurantterrasse am Flussufer den langen Tag bei einem Vinho Verde und einigen leckeren Tapas ganz gemächlich ausklingen lassen.

Bilder Seite 22:
(o.) Valença und Tui: Miño-Brücke am Grenzübergang von Portugal nach Spanien
(u.) Westfassade der Kathedrale von Tui

In Pontevedra: Die auf dem Grundriss einer Muschel erbaute Kirche der »Virxe Peregrina«, der Jungfrau Maria als Pilgerin.

Jungfrau Maria mit allen Attributen einer Jakobspilgerin

Padrón

Das kleine Städtchen an der Sar – eine Tagesetappe vor Santiago – hat eine Santiago-Kirche. Und das hat seinen besonderen Grund. Wenn man über die Sar-Brücke geht und – vorbei am barocken Brunnen *»Fuente del Convento do Carmen«* – auf der schon erwähnten, endlosen Treppe auf den Berg hinaufsteigt, kommt man zu einem Felsen, wo der Heilige Jakobus mit seiner Missionstätigkeit in Spanien begonnen und gepredigt haben soll.

Daneben steht heute eine kleine Kapelle und dahinter der »Santiaguiño do Monte«, der »kleine Jakob auf dem Berg«.

Dieser *»heilige Ort«* ist der Ausgangspunkt einer der vielen Jakobs-Legenden, nach der der Apostel Jakobus nach seiner nicht so erfolgreichen Missionierung in Spanien nach Jerusalem zurückgekehrt, dort gegen 44 n. Chr. enthauptet und so als erster der Apostel gestorben sein

In Padrón die Wallfahrtsstätte Santiaguiño do Monte: Der Legende nach Ausgangspunkt der Missionstätigkeit des Apostel Jakobus in Spanien. Eine Quelle habe hier seinen Pilgerstab zum Blühen gebracht. Daran erinnert ein schöner muschelförmiger Brunnen.

soll. Ein Schiff brachte auf wundersame Weise seinen Leichnam nach Galicien und landete in der Sar-Mündung am Stadtrand vom heutigen Padrón bei der damaligen römischen Siedlung »Iria Flavia«, aus der sich nach der Christianisierung der Bischofssitz mit der Kollegiatskirche »*Santa Maria de Iria Flavia*« entwickelt hat.

Der Legende nach sind dann zu Beginn des 9. Jahrhunderts die Gebeine des Heiligen Jakobus rund 20 Kilometer nördlich in »Compostela«, in einem antiken Gräberfeld bzw. »im Feld des Sterns«, dem heutigen Santiago de Compostela, »entdeckt« worden.

Seitdem führen alle Jakobswege nach Santiago de Compostela. Endlich auch einmal an diesem für die Santiago-Legende und -Pilgerschaft so wichtigen Ort gewesen zu sein, war für mich wohl das beeindruckendste Erlebnis auf meinen Caminho Português.

Ankunft in Santiago de Compostela

Nach fast 240 Kilometern ein letzter Anstieg und nach einem sich in die Länge ziehenden Weg durch die Vorstädte der erste Blick auf die historische Altstadt mit den herausragenden Türmen der Kathedrale. Kurz davor eine neue Herberge mit dem sinnigen Namen »Km.0« und dann stehe ich – wie vor 20 Jahren im Heiligen Jahr 1999 – mal wieder auf der *»Praza do Obradoiro«*, dem Platz der Ankunft und des Wiedersehens. Stehe wieder einmal staunend vor dem »Orgelwerk aus Stein« der weltberühmten, gerade vollständig renovierten Barock-Fassade der Kathedrale. Aber der faszinierende Anblick täuscht und ich war enttäuscht: das große Eingangstor war verschlossen, weil die Renovierung der Kathedrale – was ich nicht wusste – noch längst nicht abgeschlossen ist.

Auf der Rückseite der Kathedrale gibt es einen »Baustellen«-Zugang, durch den man zumindest in den Vierungsbereich der Kathedrale kommt, zu der Santiago-Statue, die viele Pilger von hinten umarmen wollen, und zu seinem Grab so wie in eine Kapelle als stiller Ort der Besinnung und des Gebets. Aber aus Angst vor Anschlägen – Santiago als *»Matamoros«*, als *»Maurentöter«* könnte als Vorwand dienen – gibt es neuerdings strenge Sicherheitskontrollen und niemand wird mehr mit Rucksack hineingelassen. Vielleicht ist das verständlich, für mich aber nicht vorstellbar: nach 240 Kilometer Wanderung gehört der Rucksack einfach dazu, ist ein Teil von mir. Meine spontane Reaktion war eine etwas naive Trotzaktion: Wenn nicht mit Rucksack, dann eben gar nicht, zumindest nicht jetzt – später dann doch – am nächsten Tag (natürlich ohne Rucksack) mit meiner Frau. Ich bin zum Obradoiro-Platz zurückgegangen, um doch noch anzukommen in Santiago. Und zwar bei der Jakobus-Statue im Portal des altehrwürdigen, ehemaligen Konventgebäudes – heute Sitz des Rektorates der Universität von Santiago. Dieser Santiago *»mit dem appen Arm«* hat etwas anrührendes, freundliches, persönliches und ist für mich seit meiner ersten Begegnung mit ihm vor 20 Jahren so etwas wie ein alter Freund geworden, den ich immer wieder einmal gern besuche.

Die Pilgermesse: war wie immer um 12:00 Uhr – aber nicht in der Kathedrale, sondern nebenan im Convento San Francisco. Sie war wie immer mehr als gut besucht. Und weil Palmsonntag war, zog der Erzbischof von Santiago mit einer Palmen-Prozession ein und zelebrierte ein Pontifikalamt. Die Lieder wurden aber nicht von der mir bekannten Schwester mit der »metallischen« Sopran-Stimme intoniert, sondern von einem jungen Franziskanerpater in einer mich mehr ansprechenden,

warmen Tonlage gesungen. Nach der Messe habe ich mir dann in der Sakristei meinen letzten Pilgerstempel geholt und im Pilgerbüro meine Compostela, meine Pilgerurkunde – diesmal für meinen Weg auf dem Caminho Português.

Und zum Abschluss auch dieser Wanderung ein seit meiner ersten Ankunft als Wanderer in Santiago obligatorisches Ritual: vor einer kleinen Bar am Treppenaufgang zur Obradoiro-Fassade der Kathedrale habe ich mir einen *»Café con leche«* und eine *»Tarta de Santiago«* bestellt und dann – nun doch ganz zufrieden mit mir und Santiago – die in der Sonne aufleuchtende, renovierte Fassade der Kathedrale auf mich wirken lassen. Das *»Hostal Estella«* nebenan, in dem ich bisher immer gewohnt hatte, war geschlossen. Aber wir hatten ja ein Zimmer im Hotel *»Universal«* gebucht, wo meine Frau zwischenzeitlich angekommen war. Mit dem Besuch der Kathedrale und mit einem opulenten Abendessen haben wir dann unser 20-jähriges Wiedersehen mit Santiago de Compostela gefeiert und danach die erste Semana-Santa-Prozession miterlebt, die schweigend durch die dunklen Gassen der Altstadt zog.

Von 1999 bis 2019

Nach dem ersten gemeinsamen Besuch im Jahre 1999 und nach meinen Wanderungen auf dem Camino Aragonès und Camino Francés im Jahre 2003, auf dem Camino del Norte und Camino Primitivo im Jahre 2005, auf der Vía de la Plata im Jahre 2006 und auf Caminho Português im Jahre 2019 war ich nun zum fünften Mal in Santiago de Compostela. Während meine Frau tagte, hatte ich diesmal viel Zeit, mir die Stadt anzusehen. Dieses Santiago ist immer noch das »alte«, hat sich aber in den vergangenen 20 Jahren auch verändert.

Schon der erste Blick auf die Stadt ist heute ein anderer: Auf dem Gaiás-Hügel gegenüber der historischen Altstadt ist nach 2000 die vom amerikanischen Architekten Peter Eisenman geplante *»Cidada da Cultura de Galicia«* entstanden und setzt mit ihren der Hügellandschaft angepassten, destruktiv »welligen« Glas-Stahl-Konstruktionen und mit den daraus aufragenden an ein Kraftwerk erinnernden Türmen einen modernen Architektur-Akzent in der historischen Santiago-Silhouette. Wenn auch immer noch nicht vollendet, ist dieses Gebäude-Ensemble mit Museum und Bibliothek ein durchaus lohnenswertes Ziel, auch *»für Kultur beflissene Pilger«*.

Dann natürlich der Blick von der Praza do Obrdoiro auf die Kathedrale. Nach der Restaurierung erscheint die altehrwürdige, jetzt wieder ockerfarbene Barock-Fassade mit den zwei flankierenden Türmen in einem neuen Licht, ist ohne die graugrüne Patina zunächst fast ein wenig gewöhnungsbedürftig, dann aber sehr eindrucksvoll und vielversprechend in Bezug auf die weitere Restaurierung der Kathedrale, die vielleicht zum nächsten Heiligen Jahr im Jahre 2021 vollendet werden kann.

Und – last but not least – zwei zwischenzeitlich neu gestaltete, besuchenswerte Museen: das entsprechend zeitgemäßer Museumstechnik und -didaktik konzipierte, informativ gestaltete und attraktiv gestylte »Museo de Catedral« und gleich nebenan seit 2015 das »Museo das Peregrinacións e de Santiago«. Mit einer stupenden Struktur als eine Weg-Weisung mit einer »aufsteigenden« Tendenz: Im Erdgeschoss die Interpretation der Pilgerschaft als ein Menschheits-Phänomen in Zeit und Raum, d.h. zu jeder Zeit und überall in der Welt. Im ersten Stock die Dokumentation über den Jakobus-Kult und die Jahrhunderte alte Pilgerschaft zum Santiago-Grab. Im zweiten Stock die Präsentation der von dieser Pilgerschaft geprägten Stadt Santiago de Compostela. Bindeglied zwischen allen Stockwerken ist eine von der Dachdecke herunterhängende, weiße Bahn mit einer gelben, geschwungenen, aufsteigenden Linie. Wie ein Weg, flankiert von Wegweisern mit deutenden Worten zum Thema »Pilgerschaft«. Übergehend in eine Sammlung von Wanderstöken und Pilgerstäben und darüber im Oberlicht der Pilgergruß: *»Ultreïa!«*. Salopp übersetzt: ein anspornendes »Auf geht's!« beim Aufbruch, ein aufmunterndes »Weiter so!« auf dem Wege und für den wahren Pilger auch mit Jakobshilfe ein letztendliches »Aufwärts!« – und damit ein guter Abschluss.

Buchbesprechnungen

Meine Via Regia und meine auch

Fußreise von Frankfurt am Main nach Görlitz

Bonn, Deutsche Stiftung Denkmalschutz, 2018, 264 S.,
ISBN 978-3-86795-131-9, 29,50 Euro

Der Titel verrät es: Da ist jemand zu zweit die Via Regia gegangen und die Beiden haben dann darüber gemeinsam dieses Buch geschrieben. Diese zwei sind Angela Pfotenhauer und Elmar Lixenfeld, Autoren, Fotografen und Gestalter der erfolgreichen bislang 13 Bände der Monumente Edition der Deutschen Stiftung Denkmalschutz. Folgerichtig ist diese Co/Produktion eine »Monumente Publikation« und wurde am 25. Januar 2018 im Haus der Stiftung in Bonn von Autorin und Autor vorgestellt, selbstverständlich im Dialog.

Den Schutzumschlag habe ich – natürlich nicht ungelesen – sofort zur Seite gelegt, weil das Buch einen foto/grafisch schön gestalteten, wunderbar weichen Leineneinband hat, der gut in der Hand liegt. In dem Einband ein edles Buch mit einem Papier, das sich gut anfühlt, mit einer in Barudio gesetzten Schrift, die gut zu lesen ist, und mit vielen Abbildungen, nicht in einem blendenden Hochglanz, sondern in einem authentisch wirkenden Matt. Ein Buch, das einlädt zum Blättern, zum Gucken und Schmökern ...

Es ist ausnahmeweise kein Kunst/Buch, weil die beiden diesmal nicht über Bau/Denkmäler schreiben, obwohl es am Wegesrand der Via Regia reichlich Sehens- und Förderungswertes gibt (Siehe die Innerseiten des Buchumschlages). Sie wollen vom Weg berichten und über ihre »Fußreise« von Frankfurt am Main nach Zgorzelec jenseits der Neiße.

In 30 Tagen insgesamt 600 Kilometer auf der Hohen Straße und auf der Via Regia. Damit auf einer »Europäischen Kulturstraße« und – ab Vacha bis Görlitz – auf dem »Ökumenischen Pilgerweg«, den Esther Heiße aus ihren Camino/Erfahrungen in Spanien 2003 initiiert hat, und der nun schon seit 15 Jahren ehrenamtlich vorbildlich betreut wird: verlässlich ausgeschildert mit der Jakobsmuschel und bestens ausgestattet mit Unterkünften, die – so wie sie sind – auch beschrieben werden: sympathisch, praktisch, gut ...

Es ist ein Bilder/Tage/Buch und wie eine gute Wanderung getaktet und strukturiert. 262 Seiten, halb Tage/Buch, halb Bilder/Buch. Abgesehen von Anfang und Ende, die etwas ausführlicher und länger sind, gibt es für jeden Fußreise/Tag jeweils vier Text/Seiten, gefolgt von vier Bild/Seiten, immer mit einem doppelseitigen Panorama vom Weg/Abschnitt und vier halbseitigen Impressionen vom Tag/Verlauf. Insgesamt 29 Unterwegs/Tage, gegliedert in acht Etappen/Abschnitte mit drei, vier oder fünf Tagen. Die gewisse bewusste Beliebigkeit in der Reihenfolge und Formulierung der Kapitel/Überschriften »Rückblick«, »Verirren«, »Grenze«, »Apfelbäume«, »Poliklinik«, »Elbeday«, »Pulsnitz«, »Zweisprachig« lässt erahnen, dass diese strenge Struktur nur das ruhige Raster ist, das sich beliebig locker und lebendig füllen lässt: mit kleinen Geschichten und großen Gedanken, alltäglichen Erlebnissen und persönlichen Erinnerungen, zufälligen Begegnungen und kurzweiligen Betrachtungen, Assoziationen ohne Grenzen und Reflexionen im Zeitraffer und natürlich auch ab und an und immer wieder mal mit etwas Bau/Kunst und kurzen Kultur/Kommentaren. Das alles eingerahmt von einem nicht ganz uneigennützigen Grußwort des Vorstandes der Deutschen Stiftung Denkmalschutz und einer langen Liste der Förderprojekte der Stiftung am Wege, von den übersichtlichen Grafiken mit dem Via Regia/Verlauf und mit dem Europäischen Kultur/Wege/Netz, vom obligatorische Pilger/Stempel/Nachweis und von einer äußerst peniblen und praktischen Pack/Liste mit einem Gesamtgewicht von exakt 4495 Gramm ...

Nicht als Pilger, auch nicht als Wanderer waren die beiden unterwegs, sondern nach ihrer eigenen Definition als »Geher«, die – wie sie bei der Präsentation sagten – »einfach vier Wochen gehen wollten« und nach der Elbe/Überquerung lakonisch im Buch feststellen: »Der Weg ist der Weg und die Pause das Ziel. Alles andere ist Zen.« (S. 24) Sie sind sich aber wohl immer bewusst, dass sie nicht irgendeinen Wanderweg gehen, sondern eine Europäische Kulturstraße: »Man versteht sich durchaus als Teil einer alten Geschichte, die von Kiew nach Santiago de Compostela reichte. Dass dieser Weg noch begangen wird, ist für mich das eigentliche – immaterielle – Denkmal«, sagte Elmar Lixenfeld in einem Interview (Monumente 1, 2018, S. 37). Und nach ihrer Typologie der »Sich auf-den-Weg-Machenden« gehören sie bestimmt nicht zu den »Kilometerfressern«, sondern wohl eher zur »Variante der Beseelten, die eins werden mit dem Weg«. (S. 91) Zu diesem Einswerden mit dem Weg hat bestimmt auch die erlebte, als herzlich empfundende Gastfreundschaft auf dem Ökumenischen Pilgerweg beigetragen, auf dem abends immer wieder in nie zuvor gehörten Un/Orten wie z.B. in Schwosdorf erholsame und liebenswerte Übernachtungsmöglichkeiten zu finden sind: »Am nächsten Morgen in der dörflichen Stille von Schwosdorf aufzuwachen, fühlt sich an wie in einem gemütlichen Ferienbett der Kindheit. Wie bei der Oma. Sehr privat. ... Das Vertrauen und die Gastfreundschaft in diesem Vereinshaus berühren mich. Ich habe keine Ahnung, wer die Frau ist, die jedes Ding in dieser Küche hingestellt hat. Ich weiß, ich bin zu Fuß unterwegs und werde wenige Minuten später auch diesen angenehmen Ort verlassen ... Mit dem frisch gebrühten Kaffee in der Hand fühle ich mich vollkommen zufrieden. ... In dieser Küche in Schwosdorf wünschte ich mir, dass jene beruhigende Einfachheit und Klarheit der Fußreise nie aufhören möge« ...

Wer das liest und diese »Leichtigkeit des Seins« nachempfinden kann und die Gelassenheit des Gehens auch erleben möchte, wird sich selbst auf den Weg machen wollen, um danach sagen zu können, es ist auch »meine Via Regia«.

Johannes Werner: »Vater unser«

Erlebnisse, Beobachtungen und Gedanken auf der Vía de la Plata

Mit 50 Zeichnungen des Verfassers
Solingen, Verlag U. Nink, 2017, 312 S.
ISBN 978-3-934159-42-6, € 24,80

Die Neuerscheinung vereinigt in einem Buch drei Bücher und berichtet über drei Etappen indrei Ebenen auf insgesamt etwas mehr als 300 Seiten. Ein »3erpack«, der es in sich hat und der es verdient, definiert und analysiert zu werden.

Innerhalb von nur vier Jahren ist es bereits das zweite Jakobsweg/Buch von Johannes Werner. 2014 erschien »›Ich bin da‹ – Beobachtungen und Gedanken auf dem Jakobsweg« (Solingen, Verlag U. Nink, 2014; Besprechung von Heinrich Wipper, M.A.: »Pilgeralltag, Gott und die Welt auf dem Jakobsweg« in die »Kalebasse«, Nr. 57, S. 81–85, Januar 2015).

Mit »Jakobsweg« war der Camino Frances gemeint, auf dem Johannes Werner mit seiner Frau in drei Etappen in den Jahren 2010 und 2012 von den Pyrenäen immer Richtung Westen bis Santiago de Compostela gegangen war, als Architekt die Baudenkmäler am Wegesrand in Freihandzeichnungen skizziert, sich unterwegs theologisch-philosophische Gedanken über die Beziehung zu Gott gemacht hatte und das alles in diesem ersten Buch zusammengefasst hat.

Wenn nun ein zweites Jakobsweg/Buch erscheinen sollte, zwang das zur Differenzierung, – bereits im Titel: Diesmal geht es um Gott als »unseren Vater« und der Jakobsweg ist diesmal die »Vía de la Plata«, die Johannes Werner mit seiner Frau und zeitweise mit deren Bruder in drei Etappen in den Jahren 2015/2016 von Sevilla immer Richtung Norden nach Santiago de Compostela gegangen ist und nun in seinem Buch über »Erlebnisse, Beobachtungen und Gedanken« auf diesem Jakobsweg berichtet. Folgerichtig beginnt das Buch zur ersten Orientierung mit einer Übersichtskarte mit dem Weg/Verlauf der Vía de la Plata von Sevilla über Zafra, Mérida, Cáceres, Salamanca, Zamora, Puebla de Sanabria und Ourense nach Santiago de Compostela. Aber bevor es auf dem Weg so richtig losgeht, geht es erst einmal um erste »Beobachtungen«: Die »La Giralda«, die Wetterfahne auf dem Turm der Kathedrale von Sevilla, dann die Kathedrale und der Alcázar, – bedeutende Baudenkmäler, die der Architekt Werner kenntnisreich und liebevoll und vor allem sehr ausführlich beschreibt und mit drei ganzseitigen, anschaulichen Freihandzeichnungen illustriert, bevor dann auf Seite 19 »der Pilgerapostel Jakobus« am Westportal der Kathedrale auftaucht und auf Seite 22 die Wanderung auf der Vía de la Plata beginnt.

Es folgen die ersten »Erlebnisse«. Der Weg und die Landschaft, Unterkünfte und Begegnungen auf den ersten drei Etappen nach Guillena, Castilblanco de los Arroyos und Alamadén de la Plata werden so lebendig beschrieben, dass bei mir sofort die Erinnerungen wach wurden an meinem Aufbruch auf der Vía de la Plata im Jahre 2006 (Siehe: Winand Kerkhoff »Aus meinem Via de la Plata-Diario«, »Kalebasse«, Nr. 59, S. 27 – 54, Januar 2016). Kaum habe ich mich eingelesen, – eingelaufen, wird auf Seite 35 der Erlebnis/Bericht unterbrochen. Ausgelöst durch die Nachricht vom German Wings-Unglück in Südfrankreich kommt es zu den ersten »Gedanken« des Autors über »Gott und die Welt«, die er aus seinem ersten Buch fortsetzt, diesmal unter dem Aspekt »Vater unser«. Ein erster, grau unterlegter, als Insert eingeschobener Exkurs über die diesbezügliche Entwicklung in Wissenschaft und Theologie, bevor dann auf Seite 41 der Weg fortgesetzt wird.

Dieser Anfang der Weg/Wanderung und Einstieg in den Gedanken/Gang sind exemplarisch für Ablauf und den Aufbau des ganzen Buches, das übersichtlich in drei Teile gegliedert ist:

1. Buch mit dem ersten Teil der Wanderung von Sevilla nach Plasencia vom 20. März bis 10.April 2015 (Seite 5 bis 125)
2. Buch mit dem zweiten Teil der Wanderung von Carcaboso nach Salamanca vom 11. bis 18. Oktober 2015 (Seite 126 bis 180)
3. Buch mit dem dritten Teil der Wanderung von Salamanca nach Santiago de Compostela vom 4. bis 23. Oktober 2016 (Seite 181 bis 304)

Inhalt und Aussage verteilen sich auf drei Ebenen, die jeweils ungefähr ein Drittel des Ganzen ausmachen:

1. Ebene mit den »Erlebnissen« aus der Sicht des Wanderers, der mit seiner Frau (und zeitweise mit deren Bruder) auf der Vía de la Plata als Jakobsweg unterwegs war, Tagebuch geschrieben hat und nun darüber und daraus berichtet.
2. Ebene mit den »Beobachtungen« aus der Sicht des Architekten, der mit seinen Berufserfahrungen, seinem Architekturverständnis und seinem kunst- und kulturwissenschaftlichen Wissen die Baudenkmäler am Wege beschreibt und in zehn ganzseitigen und 40 halbseitigen Federzeichnungen für den Leser anschaulich darstellt.
3. Ebene mit den »Gedanken« aus der Sicht des gläubigen Christen, der kritisch konstruktiv über seine Beziehung zu Gott als »unserem Vater« in dieser unseren Welt nachdenkt.

Worüber der Autor sich im Einzelnen konkret Gedanken gemacht hat, lässt sich an den Titeln der elf vier- bis siebenseitigen Exkurse ablesen:
- Wissenschaft und Theologie im Wiederspruch
- Vater unser?
- Der Ursprung der Welt in Wissenschaft und Theologie
- Ist Gott Person?
- Der Urknall und die Folgen
- Schöpfung und Evolution
- Göttliche Energie in der Evolution
- Wissenschaft und Theologie, zwei gleichwertige Säulen im Weltbild
- Evolution = Hauptweg und Nebenwege
- Evolution der menschlichen Bezüge
- Die Überheblichkeit menschlicher Intelligenz.

Ich weiß nicht, welche Wunsch/Vorstellung der Autor hat, wie man mit diesem Buch umgehen soll, und natürlich bleibt es jedem Leser überlassen, wie er dieses Buch liest: in einem durch, von Anfang bis Ende oder Kapitel für Kapitel oder jede Ebene für sich oder … Ich habe mir erst einmal all die Zeichnungen angeschaut und dabei u. a. überrascht und erfreut auch die kleine Kirche Santa María in Tábara entdeckt (Seite 209), die mich auf meinem Vía de la Plata-Weg damals besonders beindruckt hatte (Siehe: Winand Kerkhoff »Der Turm von Tábara in Santo Toribio de Liébana – Eine mozarabische Miniatur als Camino-Déjà vu«, »Kalebasse«, Nr. 42, S. 92 – 96, Juli 2007). Dann habe ich voll Neugier die Etappen/Berichte gelesen, bin so den Weg in meinem Kopf noch einmal mit/gegangen und voll von mir bekannten und natürlich auch neuen Eindrücken in Santiago angekommen. Hätte der Zeichner bei der Abbildung der imposanten Westfassade der Kathedrale (Seite 296) den Ausschnitt etwas weiter gefasst, dann wäre mein »Stammquartier«, die »Residencia la Estella« mit »verewigt« worden, (was mich natürlich sehr gefreut hätte und wofür ich ihm sehr dankbar gewesen wäre). Erst dann habe ich mich an den »Vater unser«-Gedanken/Gang gemacht, – getraut und ihn in aller Ruhe zu Ende gelesen, wobei ich – bei allem Respekt – so manchem Gedanken nicht folgen wollte, konnte und darum mir kein abschließendes Urteil darüber erlauben will, sondern weiter darüber nachdenken möchte ... Wie auch immer: Insgesamt ist das ein etwas anderes, mehrschichtiges Jakobsweg/Buch, das auf jeden Fall verdient, gelesen zu werden.

Kleinere Beiträge

St. Jakobus in Waigolshausen – Eine Kirche als Pilgerweg

Wer auf dem Jakobsweg von Fulda nach Würzburg unterwegs ist, kommt in Unterfranken durch Werneck, wo Balthasar Neumann von 1738 bis 1744 für die Fürstbischöfe von Würzburg ein sehenswertes Schloss erbaut hat. Unbedingt sehenswert und darum auch einen Abstecher wert ist aber auch die Jakobskirche in dem nur ein paar Kilometer entfernten Dorf Waigolshausen.

Von der ersten – im 13. Jahrhundert erbauten und um 1600 barock erweiterten – Kirche ist nur der Turm mit dem typischen Spitzhelm geblieben. Daran wurde 1861 die zweite Kirche angebaut, die dann zu klein und 1961 durch einen größeren, modernen Neubau ersetzt wurde.

Moderne Jakobuskirche von Waigolshausen (Unterfranken)

Als diese dritte Kirche dann aufgrund der sinkenden Zahl von Kirchgängern viel zu groß geworden war und grundlegend renoviert werden musste, haben die Waigolshausener sie abreißen lassen und nach den Entwürfen von Jürgen Lenssen, Domkapitular und Bau- und Kunstreferent des Bistums Würzburg, zusammen mit dem Architekten Benedikt Gerber an den alten Turm die vierte Kirche angebaut, die am 15. März 2015 eingeweiht worden ist. Diese Jakobskirche ist damit wohl die neuste Jakobskirche in Deutschland – sie ist eine Entdeckung und war für mich so etwas wie eine Offenbarung.

Man geht durch das kleine Dorf, kommt auf einen großen Platz, geht eine breite Freitreppe hoch, auf einen schlichten, mit Naturstein verblendeten Kubus zu und wird in einem mit goldenen Wandplatten ausgelegten Halbrund empfangen und zu einem ersten Innehalten eingeladen. Mit Griffen in Form von Pilgerstäben mit Jakobsmuscheln öffnet man die Tür, bekreuzigt sich mit dem Weihwasser aus Becken in Form von Muschel und Kalebasse, erkennt und fühlt auf einmal, dass man sich auf einem Pilgerweg befindet. Dieser Weg führt vorbei an der Taufkapelle und hinein in den hellen, hohen, überraschenderweise aus einem Halbrund sich öffnenden Kirchenraum. Man wird weiter geleitet durch ein von Jaques Gassmann farbenfroh gestaltetes Fensterband. Es beginnt am Eingang, verläuft – ganz ungewöhnlich, wenn nicht einmalig – über die Decke auf ein mittig aufragendes Tau-Kreuz zu, über Altar und Ambo hinweg und endet vor der in die gegenüberliegende Stirnwand eingefügten Turmkapelle. In dem Chorbogen ist der aus den Vorgängerkirchen übernommene und in unsere Zeit hineingenommene Barockaltar von 1744 aufgestellt worden. Darauf steht ein Retabel mit der Aufnahme Mariens in den Himmel, flankiert von zwei aus der Werkstatt von Johann Wolfgang von der Auwera stammenden, barock bewegten Holzplastiken. Eine davon ist natürlich der Patron der Kirche, der Heilige Jakobus mit Pilgerstab. Dieser Altar bildet das prächtige Gehäuse für den Tabernakel, der nicht Endstation des Pilgerweges sein soll, sondern Durchgangsstation auf dem Lebensweg hin zum ewigen Leben. Und dann steht man da und schaut sich um, setzt sich hin und staunt, wird ganz still und andächtig, kommt mit anderen Kirchenbesuchern ins Gespräch und freut sich, seine Begeisterung mit/teilen zu können.

Der Rückweg durch die Kirche führt vorbei an den 14 von Mutsuo Hirano aus Terrakotta geformten Kreuzwegstationen. Über dem Ausgang – als ein bewusstes Gegenüber zur barocken Jakobsstatue – hängt ein heutiges Bild mit einem von Thomas Lange monochromblau gemalten

Inneres der Jakobuskirche mit Deckenfenster

und nur schemenhaft dargestellten Jakobus als Pilger, der den Kirchenbesucher begleiten will auf dessen Weg hinaus in die Welt.

PS In Werneck lädt den durstigen, hungrigen und/oder auch müden Jakobswegwanderer und -pilger eine Muschel in das Restaurant und Hotel »Krone« am Schlossplatz ein. Nur ein paar Schritte weiter liegt der gemütliche »Zehnthof« mit Biergarten, der uns besser gefallen hat.

»L'eau de la fontaine qui est parfaitement consommable«

Ein Nachtrag zu den »Waschhäusern (lavoirs) am Jakobsweg durch Lothringen« (Kalebasse 59)

In der »Kalebasse« Nr. 59 berichtete Heinrich Wipper über: »Waschhäuser (lavoirs) am Jakobsweg durch Lothringen« und zwar in den Dörfern Champougny, Taillancourt, Montbras und Goussaincourt, die zwischen Vaucoueurs und Domrémy im Tal der Maas (fr. *Meuse*) liegen. Auf der Wanderung von Metz nach Dijon im Jahre 2014 *(Siehe: »Auf dem Chemin de Saint Jacques von Metz nach Dijon«, Die Kalebasse 56, S. 44–61)* sind mein Freund Peter und ich auch an mehreren Waschhäusern vorbei gekommen, zwei davon habe ich auch fotografiert.

Das eine ist in einem Dorf, das zwischen Pompierre (berühmtes romanisches Tympanon) und Saint-Thiébault (Übernachtung in der »Auberge du Cheval Blanc«) direkt hinter Huilliécourt liegt, dessen Name ich nicht in meinem Tagebuch erwähnt habe und darum auch nicht nennen kann. Aber dieses Waschhaus war, wie man sehen kann, sehr ansehnlich, typisch in seiner Bauweise und Beckenanlage für die »lavoirs« in Lothringen, bestens restauriert und darum mir diese zwei Fotos wert.

Das andere Waschhaus ist auf dem Weg von Montigny-le-Roy nach Langres in dem Dorf Chauffourt im Departement Haute-Marne. In meinem Tagebuch habe ich vermerkt: »Heute geht es auf etwas komplizierten Wegen bis nach Langres. Das Wetter scheint konstant. Also wieder viel Sonne, Wärme und Asphalt. In Chauffourt gab es wieder eine restaurierte Waschanlage, die zum Rastplatz umfunktioniert worden ist.« Hier haben wir dann auch eine Pause eingelegt und Wasser nachgefüllt. Weiter heißt es dann in meinem Tagebuch, dass an diesem Rastplatz »zu unserer Überraschung ein blaues Muschelschild mit dem Hinweis ›Chemin de Compostelle‹ angebracht ist«. Weil so ein Schild eine Ausnahme ist auf dem ansonsten nicht konsequent ausgeschilderten Jakobsweg, habe ich auch von diesem Waschhaus und Schild Fotos gemacht. In der Pause haben »wir uns noch über Wippers Wegbeschreibung von D 74, auf D 163, unter A 31, auf D 54 amüsiert, um uns dann auf einer spontanen Abkürzung im Wald vor Changey ganz schön zu verlaufen«. Weil das Kraft und Zeit gekostet hatte, haben wir uns am Ende dieser Tagesetappe mit dem Bus den Berg hochfahren lassen, direkt bis vor die Tore der Altstadt von Langres.

Waschhaus in der Nähe der Römerstraße bei Graffigny-Chemin

Freund Peter vor dem zu einem Rastplatz ausgebauten Waschhaus in Chauffourt

Postskriptum

In einem Brief vom 23. Jan. 2016 an Heinrich Wipper, (der meiner Ortsangabe wohl nicht so ganz traute und bei der Mairie de Chauffort nachgefragt hatte), bestätigt François Legros aus Chauffourt, dass es dieses »lavoir« (natürlich) in seinem »petit village« gibt (Foto auch auf Wikipedia). Er schreibt weiter, dass das Wasser des Brunnens »parfaitement consommable«, also (im Nachhinein für mich sehr beruhigend) trinkbar ist, und dass er ein »livre d'or«, ein Pilgerbuch (das es vor zwei Jahren noch nicht gab) ausgelegt hat. Drei fotokopierte Seiten mit Eintragungen von Juni bis September 2015 belegen seine Aussage, dass das restaurierte und zum Rastplatz umfunktionierte und ausgebaute Waschhaus gern von den Pilgern aus Deutschland, Holland und Belgien genutzt und angenommen wird: »Merci pour l'eau.« – »Vielen Dank für den schönen Rastplatz. Eine Wohltat für Körper, Geist und Seele.« – »Orte wie dieser geben mir Energie für meinen weiteren Weg.« Da ich diese Eintragungen nur bestätigen kann, möchte ich hiermit die Einladung von François gern

Für mich überraschend, weil eine Ausnahme: das Muschelschild mit der Wegbezeichnung »Chemin de Compostelle« in Chauffourt

weitergeben, an diesem wirklich schönen »petite halte dans notre village« eine entspannende und vor allem erfrischende Pause zu machen, um dann mit »bon courage« weiterzugehen auf dem »Chemin de Compostelle«.

Mit dem Martinsmantel auf der Via Sancti Martini

Es ist in Mode gekommen, nicht nur Heiligen/Feste zu begehen sondern auch aus diesem Anlass »heilige Wege« zu gehen. Neben den alten Pilger- und Wallfahrtswegen wie z.B. den Jakobswegen bis nach Santiago de Compostela oder dem Matthias-Weg durch die Eifel nach Trier gibt es heute neue Wege auf den Spuren z.B. der Heiligen Elisabeth, des Heiligen Bonifatius oder nun auch auf den »Fuß/Spuren« des Heiligen Martin. Weil der Heilige Martin als eine »europäische Persönlichkeit« und als ein »Symbol für das Teilen gemeinsame Werte verkörpert«, hat bereits im Jahre 2005 der Europarat den europäischen Kulturweg »Via Sancti Martini« initiiert und danach soll(t)en vier verschiedene Routen kreuz und quer durch Europa ausgearbeitet und eingerichtet werden.

Am 3. September 2016 wurde die mittlere Route der »Via Sancti Martine« feierlich in Szombathely in Ungarn eröffnet. Anlass war das Jubiläum »1700 Jahre Martin von Tours«, der hier im römischen Savaria im Jahre 316 geboren worden ist. Er kämpfte als Soldat im römischen Heer

Übersichtskarte der Martinswege

in Gallien und soll vor einer Schlacht in Worms im Jahre 336 den Kriegsdienst verweigert haben. Danach lebte er als Asket auf einer Insel bei Genua und gründete als Mönch für seine Anhänger in Ligugé das erste Kloster im Abendland. Dann wurde er im Jahre 371 zum Bischof von

Die Tafel mit der »Fuß/Spur« des heiligen Martin am Dom zu Trier: Martin soll als Bischof von Tours mehrfach in der damaligen römischen Kaiserstadt Trier gewesen sein.

Tours geweiht, ist im Jahre 397 »im Rufe der Heiligkeit« gestorben und drei Tage nach seinem Tod am 11. November 397 in Tours beigesetzt worden.

Diesem von Zeitgenossen und Freund Sulpicius Severus in der »Vita Sancti Martini« beschriebenen Leben(s)Weg sollte eine Pilger-Stafette auf der mittleren Route der »Via Sancti Martini« folgen (auf der Karte der obere Wegverlauf). Sie sollte von Ungarn – völkerverbindend europäisch – Stationen in Österreich, Deutschland, Luxemburg und Belgien anlaufen und nach Frankreich führen bis zum Grab des hl. Martin in Tours.

Auf der Sauerbrücke in Wasserbillig: Hier übergab am 12. Nov. 2016 eine Pilgergruppe aus dem Bistum Trier den Martinsmantel an das Erzbistum Luxemburg.

Ähnlich wie die fränkisch/merowingischen Könige den Mantel, den Martin geteilt und dem Bettler vor den Toren von Amiens im Jahre 333 gegeben haben soll, als Schutz und Segen spendende Reliquie immer mit sich geführt hatten, trugen die Pilgergruppen auf ihren Etappen einen von der Künstlerin Astrd Eichin künstlerisch gestalteten »Martinsmantel« wie eine Standarte mit sich und gaben ihn an ausgewählten Stationen wie einen Staffelstab von Etappe zu Etappe, von Bistum zu Bistum, von Land zu Land weiter. Der aus verschiedenen Leinenstoffen zusammengesetzte Mantel hat eine T-Form, könnte ein Soldatenmantel, eine Mönchskutte oder auch Bischofstunika sein. Er ist – in Assoziation an die Mantel/Teilung – farblich in zwei Hälften geteilt und an der Stelle, hinter der das Herz wäre, gibt es Schlitze für eingenähte Taschen, in die jede Diözese bei der Übergabe eine Wegmarke als Botschaft einstecken soll. (Zwischen diesen Etappen wurde allerdings der Mantel immer wieder mit dem Auto weitertransportiert bis zur nächsten Station.)

Eine der Zwischenetappen ging auf der ehemaligen römischen »Via Treverorum« nach Trier. Hier legte die Stafette genau am 11. November 2016, dem Bestattungs- und heutigem Namenstag des Heiligen Martins, eine Zwischenstation ein, weil er als Bischof von Tours – wie die gerade am Dom angebrachte Tafel zeigt – durch seine mehrfache persönliche Anwesenheit in der damaligen römischen Kaiserstadt seine »Fuß/Spur« in Trier hinterlassen hat, u.a. im Jahre 384, als er verhindern wollte, dass der römische Kaiser den der Häresie angeklagten Priscillian zum Tode verurteilt. Am 12. November 2016 ist dann der Martinsmantel auf der Sauerbrücke in Wasserbillig, wo die Staats- und Bistumsgrenze verläuft, vom Bistum Trier an das Erzbistum Luxemburg weitergegeben worden und soll bis Ende des Jahres (mit dem Auto) nach Tours gebracht werden.

So ist im Jahr 2016 mit dieser Martinsmantel-Stafette auf der bisher nur in Teilstücken (z.B. durch das Bistum Rottenburg-Stuttgart) ausgeschilderten, mittleren Route der »Via Sancti Martini« quer durch ganz Europa das Jubiläum »1700 Jahre Martin von Tours« im Wort/Sinn »begangen« und damit der Heilige Martin erinnert und gefeiert worden als einer der großen Heiligen des Abendlandes, der eingegangen ist in den christlichen Kult und in die abendländische Kultur. Seine Mantel/Teilung wurde zum Sinn/Bild für die christliche Nächsten/Liebe und damit auch für das 2016 von Papst Franziskus ausgerufene »Jahr der Barmherzigkeit«.

Der Voodoo-Santiago

Im März 2017 war ich – wie schon so oft – in Puerto Rico, habe in San Juan auch wieder einmal einige der wirklich sehenswerten Museen besucht, u.a. auch das »Museo de las Americas«. Und weil das Wetter so schlecht war, habe ich mir diesmal etwas mehr Zeit genommen für die kulturanthropologischen Dauerausstellungen. Und da habe ich im Themenbereich »The African heritage« in »las Americas« – allerdings erst beim zweiten und näheren Hinsehen – eine kleine Entdeckung gemacht: Da ritt doch Santiago mitten durch einen Voodoo-Altar aus Haiti. Und zu meiner Überraschung las ich im englischen Text, dass unser Santiago zu den »most well known voodoo gods« gehört und zwar als »Orgún Ferraille«.

Auf den Informationstafeln war zu lesen, dass »Voodoo« zu den »synkretistischen Religionen« gehört und von den Sklaven aus Westafrika in

oben: Voodoo-Altar im Museo de las Americas von Puerto Rico
unten: Santiago Matamoros im Voodoo-Altar

die Karibik mitgebracht und dort u.a. mit Elementen aus christlichen Religionen vermischt worden ist.

In Haiti z.B. ist Voodoo seit 2003 eine offiziell anerkannte Religion, – genauso wie u.a. die katholische Kirche. Zu den wichtigen Ritualen und Requisiten gehören die Voodoo-Altäre, vollgestellt mit Fetischen als Puppen und Abbildungen, mit Gefäßen für alle Art von Ingredienzien und ritualen Geräten, die dazu dienen, sich selbst zu schützen bzw. anderen zu schaden.

Und in so einem Altar stand etwas im Hintergrund und von Rumflaschen fast verdeckt ein – wie wir sagen würden –»Votiv/Bild« mit »Jakobus Major« als »Santiago Matamoros«, der – hoch zu Ross, mit gezücktem Schwert und im Zeichen des Kreuzes – gegen die ungläubigen »Mauren« in die Schlacht zieht, sie tötet und besiegt. In zwei weiteren, in derselben Vitrine ausgestellten Darstellungen wird diese(s) Schlacht(en) recht realistisch und drastisch verdeutlicht, indem Santiago über die getöteten, am Boden liegenden Mauren in Siegerpose hinwegreitet.

Dieses martialische Motiv ist dann auch anscheinend der Grund, warum Santiago eine nicht ganz unbedeutende Rolle im Yoruba-Kult spielt. Er verkörpert den »Orgún Ferraille« und – dank Iphone und Google – ist noch vor Ort schnell geklärt, wer und was das ist: Der »Orgún/Santiago« wird verehrt und angerufen als ein Gott und Krieger, der gegen Unterdrückung und Armut kämpft und als solcher u.a. als »Vorreiter« und »Anführer« an der haitianischen Revolution im Jahre 1804 »teilgenommen« hat.

Alltäglich ist der »Santiago/Orgún« – wie bei uns die Heiligen auch – ein Helfer in der Not. Speziell zuständig für alles, was mit Feuer und Eisen zu tun hat, hilft er besonders den Schmieden. Als deren offizieller Patron trägt er immer eine rote Schärpe und natürlich hat er – als unübersehbares Symbol – das gezückte Schwert in der Hand. Soviel zum Voodoo-Santiago. Wie auch immer: Der Santiago mit einem Pilgerstab statt des Schwertes in der Hand war und ist mir lieber.

Keine »Carmina Burana« in Santo Toribio de Liébana

Am 24. März 2018 fand ich bei der morgendlichen Zeitungslektüre im Bonner General Anzeiger im Feuilleton einen kleinen Artikel mit der Überschrift »Bischof verbietet ›Carmina‹ – Orffs Werk im spanischen Santander untersagt«.

Rechts oben Pilgerstempel von Santo Toribio de Liébana mit der Aufschrift LIGNUM CRUCIS (= Kreuzesholz)

Na ja, – an und für sich des Lesens nicht wert, aber im Überfliegen der Zeilen entdeckte ich den Name des Klosters »Santo Toribio de Liébana« und der weckte Erinnerungen an meine Wanderung auf dem Camino del Norte im Jahre 2005 und an meinen Abstecher hinter Santander von der Atlantikküste in die Picos de Europa, um dieses Kloster zu besuchen, in dem eine Reliquie vom »wahren Kreuz« Christi seit Jahrhunderten verehrt wird. Das Kloster gehört zu den fünf Orten des Christentums, wo zu bestimmten Jahren ein »Heiliges Jahr« mit vollkommenem Sündenablass gefeiert werden darf.

In Santo Toribio de Liébana ist das der Fall, wenn der Festtag des heiligen Turibius (span. Toribio), der 16. April, auf einen Sonntag fällt. Und das geschah z.B. im Jahre 2017. Als ich im Jahre 2005 in Santo Toribio ankam, wurde dort zwar kein Heiliges Jahr gefeiert, aber der Besuch dieses Klosters war für mich ein ganz besonderes Erlebnis, ähnlich beeindruckend und berührend wie zwei Jahre vorher mein Abstecher vom Camino Francés zur ehemaligen Abtei Santiago de Peñalba im Valle del Silencio.

Was war in Santo Toribio de Liébana nun so Aufregendes passiert, dass selbst im fernen Bonn darüber berichtet wurde. Am 16. April 2018, dem Fest des Heiligen Turibius, sollte vor den Toren des Klosters von der Theatergruppe La Fura dels Baus eines der berühmtesten und weltweit bekannten Werke Carl Orffs, die »Carmina Burana«, aufgeführt werden.

Dagegen legte der Bischof von Santander Manuel Sanchez Monge sein Veto ein mit der Begründung, die Aufführung »sorge bei Gläubigen für Empörung, weil der moralische Inhalt den Prinzipen der Kirche zuwiderlaufe«. Die »Carmina« waren dem Bischof zum Fest des Heiligen Turibius wohl nicht »heilig« genug … Nun, jeder weiß, dass die »Carmina Burana« unter anderem auch »von Säufern, Spielern, Wollust und Völlerei handeln«. Aber diese rigorose Art von kirchlicher Zensur hat mich doch sehr überrascht. Hatte ich doch noch Ende letzten Jahres eine äußerst vitale und fast frenetisch gefeierte Aufführung der »Carmina Burana« erlebt: – im »Heiligen Köln«, im Staatenhaus unweit der Domtürme und u.a. gesungen vom Kölner Domchor.

»Noch ist Polen nicht verloren.«
Via-Regia-Tagträume und Polen-Pläne

Im Jahr 2007 »entdeckte« ich ganz zufällig das Buch von Inge und Lothar Küken »via regia – Kulturstraße mitten durch Europa« und war fasziniert von der alten Handels-, Kultur- und auch Pilgerstraße von Kiew bis Santiago de Compostela.

Im Jahr 2009 gab es den etwas verwegenen Plan, von KölnBonn nach Sewastopol zu fliegen, wo mein Vater im II. Weltkrieg als (wegen Kritik am Führer straf-) versetzter Reichsbahner beim Brückenbau eingesetzt war. Von dort wollte ich dann – wie mein Vater kurz vor Kriegsende mit einem selbst ausgestellten Marsch-

Erster deutschsprachiger Wegführer (2007) zu einem polnischen Jakobsweg

befehl – mit der Bahn über Kiew und Lemberg Richtung Heimat fahren, aber in Krakau aussteigen, um von dort aus auf der zu der Zeit noch nicht so gut als Jakobsweg erschlossenen Via Regia nach Görlitz zu wandern (und dann evtl. auf dem Ökumenischen Pilgerweg weiter gen Westen). Flug- und Zugverbindungen wurden zusammengestellt sowie Wanderouten (mit Hilfe des Polnischen Generalkonsulates) recherchiert, in einem Ordner gesammelt, – wo sie dann leider aus verschiedensten Gründen bis heute geblieben sind …

Im Jahre 2011 gab es dann den fest beschlossenen Plan, mit meinem Freund Peter auf den Sentier de Saint Jacques von Dijon nach Metz zu wandern und damit eine letzte Lücke auf unseren Jakobswegen durch Frankreich zu schließen. Der Rucksack war schon gepackt, da musste Peter plötzlich absagen. (Die Wanderung haben wir dann 2014 nachgeholt). Die spontane Idee, wenn nicht Frankreich, dann Portugal und mit einem »last minute«-Flug allein nach Porto zu fliegen, um endlich auch den Caminho Português nach Santiago de Compostela zu gehen, ließ sich auf die Schnelle nicht realisieren. (Den Caminho Português bin ich dann im Frühjahr 2019 gegangen.) Wenn nicht Portugal, dann doch noch Polen?

Da meine Frau und ich Ende August die Ausstellung »Via regia« in Görlitz besuchen wollten, kam mir der Gedanke, den Rucksack mitzunehmen, mit dem Zug nach Krakow (Krakau) zu fahren und dann vom berühmten polnischen Marienheiligtum Czestochowa (Tschenstochau) den Jakobsweg auf der Via Regia nach Görlitz zu wandern, aber es kam wieder anders.

Die 3. Sächsische Landesausstellung »Via Regia – 800 Jahre Bewegung und Begegnung« in der ehemaligen, zum modernen Museum konvertierten Festung Kaisertrutz in Görlitz wurde faszinierend präsentiert, das Thema auf vier Ebenen weit aufgefächert und das Wegenetz von Kiev (Kiew) bis nach Santiago und Fisterra ausgeweitet. Aber in der ansonsten opulenten Ausstellung spielte das Pilgern nur eine Nebenrolle. Die gleichzeitig laufende Ausstellung »Über die Grenzen und durch die Zeiten – Pilgern entlang der via regia« in der Nikolaikirche war mehr spirituell ausgerichtet und weniger praktisch informativ. Natürlich gab es Informationen zu dem von Esther Heiße initiierten und seitdem gut eingeführten »Ökumenischen Pilgerweg von Görlitz nach Vacha«, aber – was bei der Grenzsituation Görlitz/Zgorzelec im Wortsinn nahe gelegen hätte – keine aktuellen Hinweise z. B. auf Übernachtungsmöglichkeiten auf den Jakobswegen in Polen.

Im 2007 erschienenen Führer »Der Jakobsweg – Ein ökumenischer Pilgerpfad (auf der) via regia (durch) Niederschlesien« von Brzeg (Brieg) über Wroclaw (Breslau) nach Zgorzelec/Görlitz finden sich sehr gute Wegbeschreibungen und auch einige Adressen für Übernachtungen. In der Regel handelt es sich dabei um kirchliche, über Pfarrämter vermittelte Einrichtungen, mit der ausdrücklichen Empfehlung, sich unbedingt vorher telefonisch anzumelden. Das schien mir ohne Polnischkenntnisse doch recht riskant. Die Frage nach einem Zimmer könnte zu einem tagtäglichen Problem werden. ... Ich wollte aber keinen Stress, sondern einfach nur laufen. Und was liegt dann näher, als von unserem zweiten Wohnsitz in Bamberg mit dem Rucksack aus der Tür zu gehen und den Fränkischen Jakobsweg über Nürnberg nach Würzburg zu laufen. Gesagt, getan! Aber aufgeschoben ist nicht aufgehoben: Vielleicht werde ich ja doch noch (siehe oben Sentiers de Saint Jaques und Caminho Português) – angeregt durch die Berichte in dieser »Kalebasse« – auf dem polnischen Jakobsweg und damit auf der Via Regia durch Polen wandern: »Noch ist Polen nicht verloren« und der Refrain dieser polnischen Nationalhymne »Marsch, Marsch Dabrowski« klingt doch – wenn auch ein wenig martialisch – wie der aufmunternde Pilgergruß »Ultreia!«.

Inhalt